JN169509

課長・部長のための人材育成の基本

Basic of human resource development for the manager-director

株式会社シェルパ

Sherpa

マイナビ

◆本文中には、™、©、® などのマークは明記しておりません。
◆本書に掲載されている会社名、製品名は、各社の登録商標または商標です。
◆本書によって生じたいかなる損害につきましても、著者、監修者ならびに
(株) マイナビ出版は責任を負いかねますので、あらかじめご了承ください。

はじめに

一口に人材といっても、マネジャーの右腕になれるような「できる部下」もいれば、なかなか結果を出せない部下もいる。マネジャーとしては、どうしても頼り甲斐のある部下にばかり重要な仕事を集中させてしまいがちで、結果としてできる部下はさらに成長し、そうでない部下は取り残される……といった状況になることも少なくない。

パレートの法則よろしく一部の部下が部署の売上目標を支えるような形になっている職場も多いと思うが、できる部下ほどいつまでも同じ場所に留まってはいないものだ。頼りにしていた部署のエースが抜けて、残ったメンバーでどう戦おうか、頭を悩ませたことのあるマネジャーもいるだろう。

できる部下に目をかけることも大切だが、そうでない普通の部下や伸び悩んでいる部下をいかに引き上げるかが、組織やチームを健全に発展させていくためのカギとなる。もちろん、新人をゼロから育て上げることも、永続性のある組織づくりには欠かせないことだ。その役割を現場で担うのがマネジャーである。

本書ではそんな理念をもとに、まだ何者でもない新人から、埋もれてしまっているミドル、あるいはいわゆるローパフォーマーの再生まで、さまざまな層の人材を育成する方法を探っていく。多くの研究事例に裏打ちされたロジックを実践的な手法に落とし込んでいるため、本書を手にした翌日から実際の人材育成に活用できるはずだ。

本書は次の6章で構成されている。

- 第1章　部下が育つ上司とは？
- 第2章　人材育成の基礎知識
- 第3章　育成の土台を築くコミュニケーション
- 第4章　日々の業務のなかでいかに育てるか
- 第5章　人材の評価とタイプ別の育成
- 第6章　人材再生と適材適所の配置

本来は「人材育成の基礎知識」を第1章に据えるべきかもしれないが、部下を直接的に育てるのは上司たるマネジャーである。いくら部下の資質や育成ノウハウが備わっていても、上司の姿勢が伴っていなくては画餅と化してしまう。育成に臨む上司はどうあるべきか、ということを端緒に本書を展開していきたい。

続く第2章で基礎的な知識を学んだあとは、いよいよ実践的な方法論に移っていく。第3

章では人材育成の土台となるコミュニケーションを取りあげ、第4章では人材育成の諸理論を日々の業務に落とし込んで解説する。

また一口に人材といっても、そのタイプはさまざまで、まさに十人十色といってもいい。そして第5章では、多様な人材に対しどのように育成理論を適用していくかを探りたい。そして第6章では、伸び悩んでいる人材、問題を抱えた人材に対し、マネジャーはいかにアプローチしていくべきか……という人材再生をテーマに、組織で働くあらゆる人材に輝いてもらうために必要なものを明らかにする。

人材育成という複雑で奥の深いテーマを扱っているが、各章のカテゴリーごとに図解を用意し、論理的かつ実践的な人材育成の知識・技術がわかりやすく身に付くようになっている。はじめて人材育成に取り組むフレッシュなマネジャーから、よりよい人材育成法を探求するベテランのマネジャーまで、幅広い読者の方々を想定し、忙しい毎日のなかでもストレスなく読み進められる構成を心がけた。

本書が人材育成や人材再生の一助となり、組織やチームが持続的に発展するきっかけになれば幸いだ。

Contents

CHAPTER 2

人材育成の基礎知識

CHAPTER 4

CHAPTER 6

人材再生と適材適所の配置……179

CHAPTER 1

部下が育つ
上司とは?

CHAPTER 1-01

人材育成はマネジャーの最重要課題

部下を育てることが好循環を呼ぶ

マネジャーの本分を再認識する

本書の読者のなかには、マネジャーに就任したばかりの人もいるだろう。これまでも後輩の指導やチームリーダーとしての業務などを通し、人材の育成にかかわってきたと思うが、マネジャーともなると日々の仕事のなかで人材育成をより強く意識していかなくてはならない。とはいえ毎日の業務に忙殺されて、つい人材育成がおろそかになってしまうのも現実だ。いますぐ人材を育てなければ、今日、明日の仕事が回らないわけでもない。しかし人材育成をしなければ、いつまで経っても状況が変わらないのもまた事実だ。

とくにプレイングマネジャーは忘れてしまいがちだが、マネジャーの本分は、**自分自身が現場の仕事をするのではなく、部下に仕事をさせる存在**だということを再認識しなければならない。そして部下を育てることで、プレイヤーとしての自分の仕事を任せられるようになり、よりマネジメントの比重を増やすことができる……という好循環を目指すべきだ。「部下が育つ上司」になるには、マネジャーの本分を忘れないことが大前提となる。

〈地道な育成が業績アップにつながる〉

●人材育成をしないとじり貧になる

マネジャーの仕事は多い

- マーケティング
- 生産管理
- 予算策定
- 予算管理
- 情報収集
- 人事考課

＋

プレイヤーとしての仕事

⋮

人材育成がおろそかになりがち

部下は育たず、自分も忙しく、業績は上がらない

●人材育成に取り組むことで、業務に好循環をもたらす

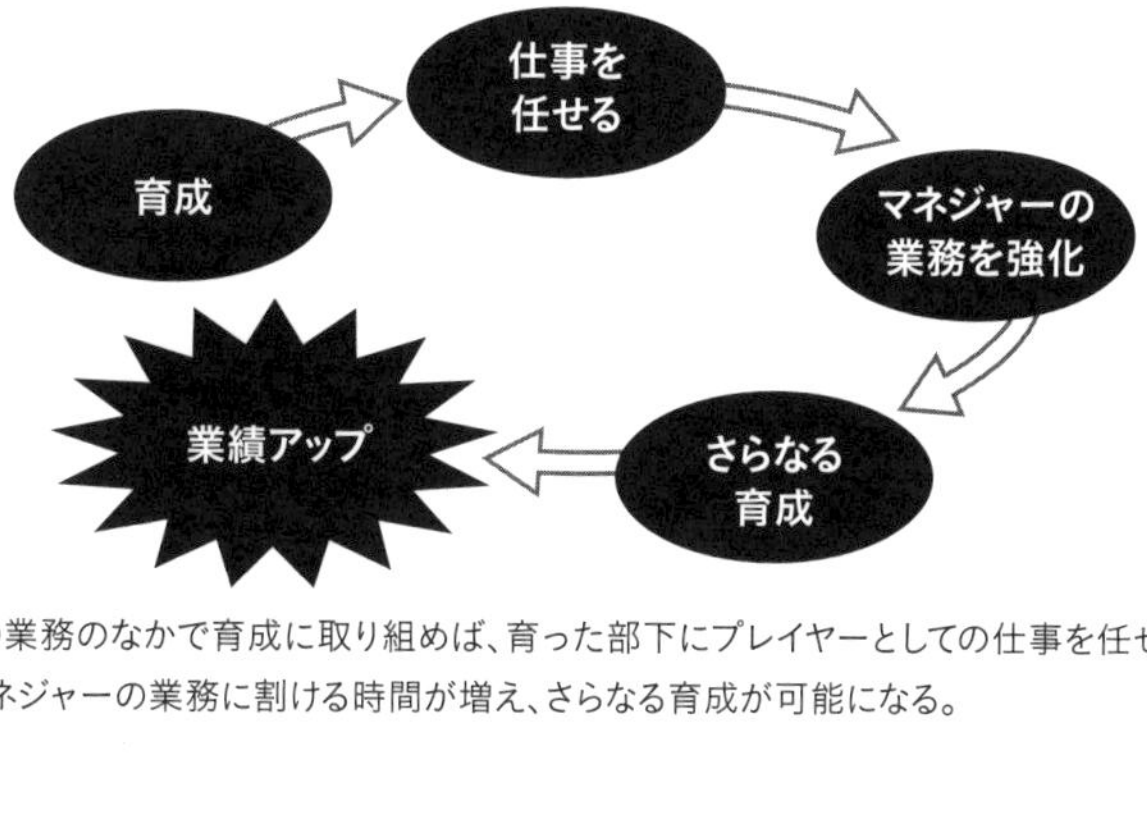

日々の業務のなかで育成に取り組めば、育った部下にプレイヤーとしての仕事を任せられる。マネジャーの業務に割ける時間が増え、さらなる育成が可能になる。

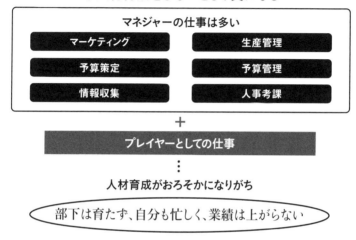

四大経営資源のなかでもヒトのマネジメントに心を砕く

組織のなかの小さな経営者たるマネジャーは、「ヒト」「モノ」「カネ」「情報」の四大経営資源を活かして目標を達成していくことになる。四大経営資源は左のように整理できる。

①ヒト……採用、教育、人事考課、人事労務管理など。
②モノ……マーケティング、製品開発・製造、製品管理など。
③カネ……予算策定、予算運用など。
④情報……ヒト、モノ、カネにかんする情報収集、情報管理など。

4つのなかでも、マネジャーとしての業績をもっとも大きく左右し、またもっとも心を砕かなければいけないのがヒトのマネジメントだ。ヒトのマネジメントは、採用をはじめ、人事考課や労働時間管理など多岐に及ぶが、なかでも人材育成に置かれるウェイトは非常に大きく、「マネジャーの仕事の半分は人材育成」といわれることもあるほどだ。

研修やOFF－JTなど、組織によって教育・訓練にまつわるプログラムが制度化されている場合もあるが、現場のマネジャーだからこそできる人材育成がカギを握ることはいうまでもない。自らの経験を振り返ってもわかると思うが、**日々の実務を通して得られた経験は大きな成長をもたらす**。また、そのような成長を促すことができるのは、部下に仕事をアサインするマネジャーであり、そして仕事を割り振ったあとに、どう部下にアプローチするかで成長の度合いも異なってくることは胆に銘じておかなくてはならないだろう。

部下を育てるという意識を日ごろからもつ

人材育成の重要性がわかっていても、自分の仕事に手一杯で、なかなか部下の面倒を見られない……という悩みをもつ人は多い。とりわけ日本のミドルマネジャーの大半は、自らも現場に出るプレイングマネジャーである。マネジメントに専念するどころではなく、ほとんどプレイヤーとしてしか動けていない人も少なくない。

また、近年は組織構造がフラット化しており、上司と直属の部下といった関係だけではなく、より幅広く多様な人材を抱えるケースも増えている。育成の対象となるメンバーも多様化しており、新卒・中途入社という分け方のほか、有期雇用者や育休取得者、あるいは業務委託や外国人の雇用者など、より多様な人材を対象としたダイバーシティマネジメントが求められている。

このような難しい環境のなかで業績をあげなくてはいけないマネジャーは、どうしても人材育成より、まず日々の業務に飛びついてしまうのも無理はない。しかし、日々の業務のなかにも、常に人材育成という視点をもち続けることは必要だ。マネジャーの膨大な業務のなかで、**「人材育成」だけを切り分けて考えるのではなく、日常の業務のなかにどう人材育成を組み込んでいくか**という発想をもたなければならない。繰り返すが、業績をあげながら人材育成もし、人材が育っていくから業績がさらにあがっていく……という好循環が、マネジャーに求められる人材育成の本質だといえる。

CHAPTER 1-02

「育てるリーダーシップ」を身につける

マネジメントだけでは不十分

上下関係より人間的なつながりが大事

人材を育成する際、リーダーシップの有無は成果に直結する要素だが、多くのマネジャーが、リーダーシップとマネジメントを混同している。自分ではリーダーシップを発揮しているつもりでも、部下は「上司だから」という理由だけで従っている場合も少なくない。

マネジメントは、業務の遂行のために与えられた「権限」を行使することを基本とする。いっぽう、リーダーシップは人間関係をもとに人を巻き込み、望ましい行動を引き出すことだと定義できる。簡単にいえば、**マネジメントは公式の権限によって力を発揮するが、リーダーシップは非公式的にも影響力をもたなければならない**。つまり上下関係だけではなく、人間的なつながりによって影響力を発揮するのがリーダーシップというわけだ。マネジメントは決められた枠組みのなかで業務を遂行していくのにはいいが、人材の育成は個々人に大きな変化を促すものだけに、枠組みから外れることも多々ある。そういったなかで、メンバーに成長へのハードルを越えさせるには、やはりリーダーシップが不可欠だ。

〈リーダーシップとマネジメントの違い〉

●メンバーとの関係も大きく異なる

マネジメント

組織が公式に与えた権限によって業務を遂行する

リーダーシップ

非公式的な影響力も使って人を巻き込んでいく

命令

上下関係による結びつき

メンバー

影響力

インフォーマルも含めた人間的なつながり

人材育成に有用なのはリーダーシップ

・たとえばメンバーとのコミュニケーションにより……

仕事のビジョンや意義を共有する

人間関係における価値観を共有する

▼

成長のために厳しいハードルを課しても、部下は腹落ちしているため前向きに取り組め、また困難に直面してもリーダーへの信頼感から安心して対処できる。

リーダーシップは一朝一夕には生まれない

一口にリーダーシップといっても、近年では「統率型」や「支援型」といったようにさまざまに分類をされ、またシーンに応じて使い分ける必要性も出てきている。人材を育成する際のリーダーシップの示し方としては、いかに部下を見守り、支援しているかという姿勢を、マネジャー自ら見せることが肝心だ。

部下に指示を出して動いてもらうことは、マネジャーに任命されたその日から可能だが、部下を巻き込んで望ましい行動を引き起こすことは、一朝一夕には実現できない。リーダーシップを発揮するには、それなりの土台を築く必要がある。単に命令するのではなく、部下を助け、信頼関係を結んでいくことが、リーダーシップにつながっていく。

先頭に立って部下を引っ張っていくのもリーダーシップではあるが、後ろで部下を見守るのもマネジャーに必要な資質だといえる。仕事を投げっ放しにするのではなく、適時様子をうかがい、必要に応じたアドバイスをおこない、なにかあったときの責任はマネジャーがもつ……といった姿勢をブレずに示すことで、リーダーシップは醸成されていくのである。

口では「なんでも相談しろ」といっていても、いざ部下が相談をもちかけたら、面倒くさそうに相づちを打つようなマネジャーも少なくない。しかし、そんな日々のやりとりにおいて、いかに真摯に対応するかで、部下にとってのマネジャーの値打ちが決まってくるといっても過言ではない。人材育成の礎は、日々コツコツ築いていくのが一番の近道だ。

信頼を集めるリーダーの4要素

「部下から信頼されるリーダー」になるための方法を、もう少し具体的に整理してみよう。経済学者のクーゼスとポスナーは、信頼を集めるリーダーの要素として、次の4つの項目を挙げている。

①正直であること
②前向きであること
③ワクワクさせてくれること
④有能感があること

①は**ウソをつかない、心を開く**といった意味がある。ウソをついたり、秘密主義だったりするリーダーについていきたいと思うメンバーはいない。②は、**ピンチに陥ったときでもポジティブな言動を示せるか**ということを指す。口先だけではなく、いざ逆境を迎えたときにどんな行動をとるかで、リーダーの真価がはかられる。

③は、**「このリーダーについていけば、自分にとってよりよい将来が開けてくる」というビジョンを示せるか**ということを指す。そして④は、**仕事の力量があるか、実績は備わっているか**ということを意味する。

以上の4項目を見ても、部下に信頼されるためには、マネジャーの真摯な姿勢や地道な努力が必要だということがわかるのではないだろうか。

CHAPTER 1-03

人材育成に必要なスキルを獲得する

管理者に求められる3要素

円滑なコミュニケーション能力が問われる

人材育成に必要なスキルとして、もっとも大事なものはなんだろうか。メンバーから尊敬を集めるような技術をもっていたり、あるいは部下の能力を見抜いて適材適所に配置する慧眼《けいがん》があったりと、さまざまな要素が挙げられる。

経営学者のカッツが提唱した「優れた管理者のスキル」によると、マネジャーに求められるスキルは次の3つに集約される。

①技術スキル……業務を遂行するために必要な技術や専門的な知識。

②対人スキル……円滑な人間関係を築き、他人によい影響を与えられる能力。

③概念化スキル……複雑な状況のなかから、より優れた選択肢を見出す能力。

それぞれのスキルの重要性は、一般職や管理職、経営層といったポジションによって異なり、左の図のように整理することができるが、**対人スキルは一貫して重要なスキルとなっているいる**ことがわかる。

〈人材育成に必要なスキル〉

●カッツの「優れた管理者のスキル」

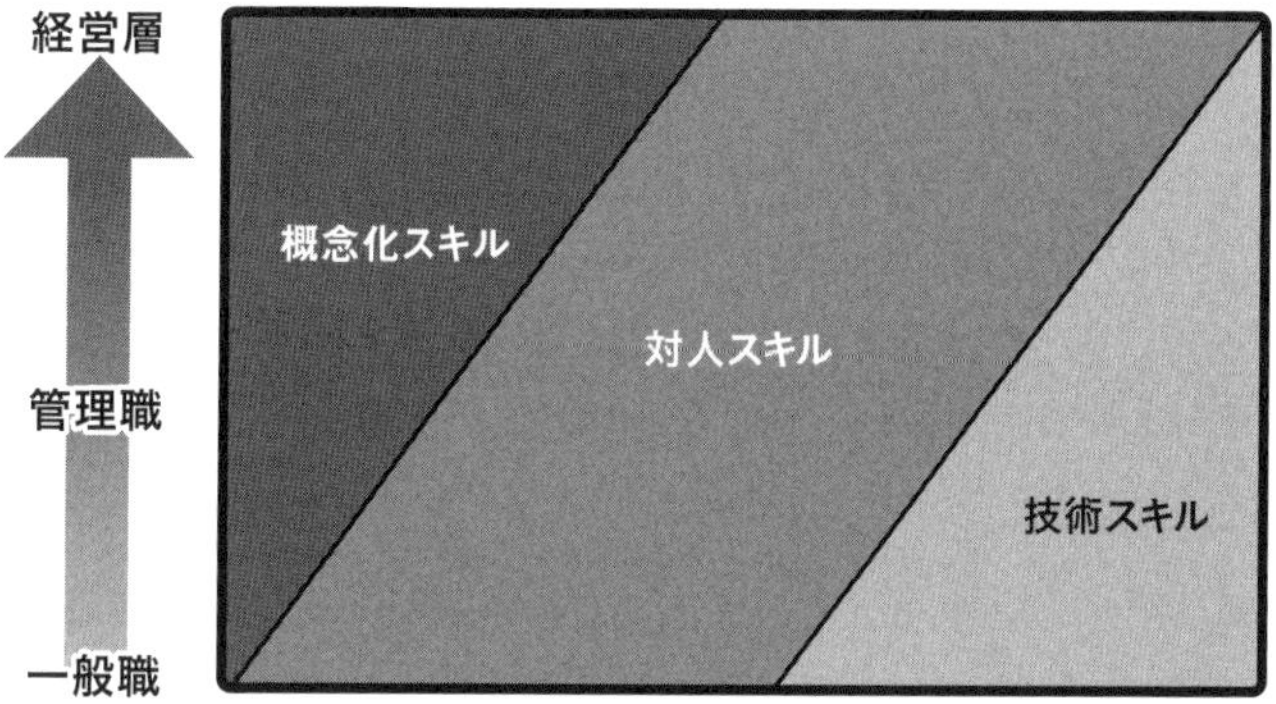

対人スキルはいつでも重要！

技術スキル

日ごろの業務に必要な知識や技術。プレイヤーとして重要なスキルだが、管理階層が高まるほど重要度は下がる

対人スキル

社内外の人たちと円滑なコミュニケーションをとり、人材育成などにおいてよい影響を与えるスキル

概念化スキル

複雑な事象を整理・整頓し、ビジョンや戦略を描くスキル。管理階層が高まるほど重要度が増す

名選手＝名監督ではない

ある分野を扱う部署のメンバーがマネジャーに抜擢される場合、その分野の技術に秀でている場合が少なくないが、先のページのカッツの図にもあらわれている通り、**リーダーに必ずしも技術スキルは求められない。**

技術スキルというと、ＩＴや工学系の専門スキルをイメージしがちだが、とくに分野を限らず「職務を遂行する能力が備わっているかどうか」ということを指す。プレイヤーとして仕事をするには重要なスキルだが、一般的に管理職になり階層が高まっていくほど、現場の実務をおこなう比率は下がっていく。たとえばプロ野球でも、名選手が必ずしも名監督にならないように、もっとも技術スキルに秀でた人間がリーダーに抜擢されても、結果を残せない場合は往々にしてあることだ。プロ野球の世界には、プレイングマネジャーを務めるほどの名選手も少数ながらいるが、現実的にはプレイヤーでいる間はマネジャーとして大成しにくいという認識に異論はないだろう。

ビジネスの世界では、ミドルマネジャーの多くはプレイングマネジャーとしても活躍しているが、いつまでもプレイヤーを引きずっていると、その上の管理階層を目指すのは難しい。実務に優れたマネジャーというのは、部下に強力な影響力を発揮する場合もあるが、自分の背中を見せるだけでは、部下が後ろについてくることはあっても、自分に代わって全体を引っ張っていくような人材はあらわれないだろう。

対人スキルはあらゆる層に必要

対人スキルと概念化スキルについても詳しく見ていこう。**対人スキルは、コミュニケーション能力と言い換えてもよく、一般社員から管理職、経営層にいたるまで、あらゆる層に必要なスキルだ。**たとえば新入社員であっても、先輩や上司と円滑なコミュニケーションをとれない人は、なかなか育っていかない。仕事の幅が広がると、社内のほかの部署との調整も必要になるし、社外の人ともコミュニケーションをとらなければならない。さらにミドルマネジャーになれば、部下の指導にコミュニケーションは欠かせない。役員や社長になっても、コミュニケーションから解放されることはないだろう。カッツの図を見ても、上の階層にあがっても対人スキルの重要度だけは一貫して高いことがわかる。

いっぽう、概念化スキルは管理階層があがるほどに重要度が増してくるスキルだ。一口に概念化スキルといっても、その内容はさまざまだが、たとえばA社とB社のいずれかと提携の話がもちあがっているとして、複雑な情報を整理・編集し、どちらと手を組むかを決める……というのも概念化スキルが求められるシーンだ。ミドルマネジャーに置き換えると、A君とB君、ふたりの部下の能力や今後の育成計画、周囲に及ぼす影響なども含めて、どちらをリーダーに任命するのか、といったシーンが想像しやすいだろう。

役職が上がり概念化スキルの重要度が増しても、対人スキルを逆転するところまでにはなかなか及ばない。対人スキルはかように若いうちから磨いておきたいスキルだ。

対人スキルを高める

対人魅力の7つの源泉

「魅力」は心がけ次第で高まる

前項で対人スキルの重要性について述べたが、対人スキルを高めるために必要なのが対人魅力だ。対人魅力の源泉はさまざまだが、主に次のような要素で規定される。

①性格……誠実、正直、思慮深いといった望ましい性格特性をもっている。
②能力……知的能力、身体的能力、社会的能力に優れている。
③身体的魅力……容貌や容姿に優れている。
④近接性……気軽に会える近い場所にいる。
⑤類似性……自分と相手に似ているところがある(ことを相手に伝える)。
⑥返報性……自分が相手に好意をもっている(ことを相手に伝える)。
⑦自己開示……相手に対して、自分の内面をオープンにする。

①から③は個人的な属性によるが、④から⑦は相手との関係性やかかわり方により影響力が変わってくる。また、いずれも心がけ次第で望ましい方向にもっていくことができる。

〈対人魅力を規定する要因〉

●対人スキルは「対人魅力」に大きく影響される

・個人的属性によるもの

性格

誠実さや正直さ、思慮深さを感じさせる性格か

能力

尊敬を集めるような知的、身体的、社会的能力があるか

身体的魅力

清潔感のある容姿。体型などに合った服装をしているか

・相手との関係性やかかわり方によるもの

近接性

相手に距離感を感じさせないように、密接にかかわれているか

類似性

相手に「自分と似ている」と親近感をもたせられているか

返報性

相手に対し、好意や尊敬の念があることを示しているか

自己開示

相手に自分の内面について、オープンにしているか

いずれも本人の努力によって底上げできる

後天的に生まれる魅力もある

魅力は天性のものだと思われがちだが、本人の心がけ次第で高めることができる。たとえば対人魅力を規定する要素のひとつである性格も、プライベートではどうであれ、少なくとも仕事の場で自分を律することを心がければ望ましい印象を与えられる。身体的魅力も生まれながらのルックスがすべてではなく、髪型や服装でカバーすることも可能だ。

いっぽう**相手との関係性やかかわり方によって影響力が変わる項目については、さらに自分でコントロールしやすい**。たとえば近接性は、「身近にいる相手に好意を抱く」という心の動きだが、物理的な距離だけではなく、話しやすい環境をつくり出すことで高めることが可能だ。類似性は「同郷の相手に親近感を覚える」といった心理をあらわすが、日ごろのコミュニケーションで相手の情報をつかんでおけば、たとえば同じスポーツチームを応援するなどして心の距離を詰めることができるだろう。

返報性については、「自分に好意をもってくれる相手に対して、自分も好きになる」といった心理を指す。好意を示すだけで劇的に関係性が変わることもあるため、ぜひ活用したいところだ。なかにはどうしても好きになれない相手もいるかもしれないが、どんな人にもなにかしらいいところはあるもの。とにかく相手の美点を見つけて好きになることが肝心だ。また、返報性は好意だけではなく、悪意にも作用するため、ウマが合わない相手だからといって、くれぐれも悪意を向けないようにしたい。

「開放の窓」を広げていく

最後におさえておきたいのが「自己開示」だ。近年は仕事とプライベートは別……という風潮が強く、個人的な情報をなかなか見せない場合も多い。だが、**自分の内面や考えをオープンにすることは、心の距離を詰めるのにとても効果的だ。**

「ジョハリの窓」をご存知だろうか。下の左の図のように、「自分が知っている/知らない」「相手が知っている/知らない」といった項目により、対人関係を４つの窓に整理したものだ。自分のことをオープンにすれば、「開放の窓」を下方向に広げていくことができる。また、オープンにした事柄について、他者からフィードバックを受けることで、自分では気づいていない自己に気づくこともでき、右方向にも窓が広がっていく。下の右の図のように開放の窓を広げていくことで、相手との間に信頼関係が生まれ、対人魅力も高まっていく。

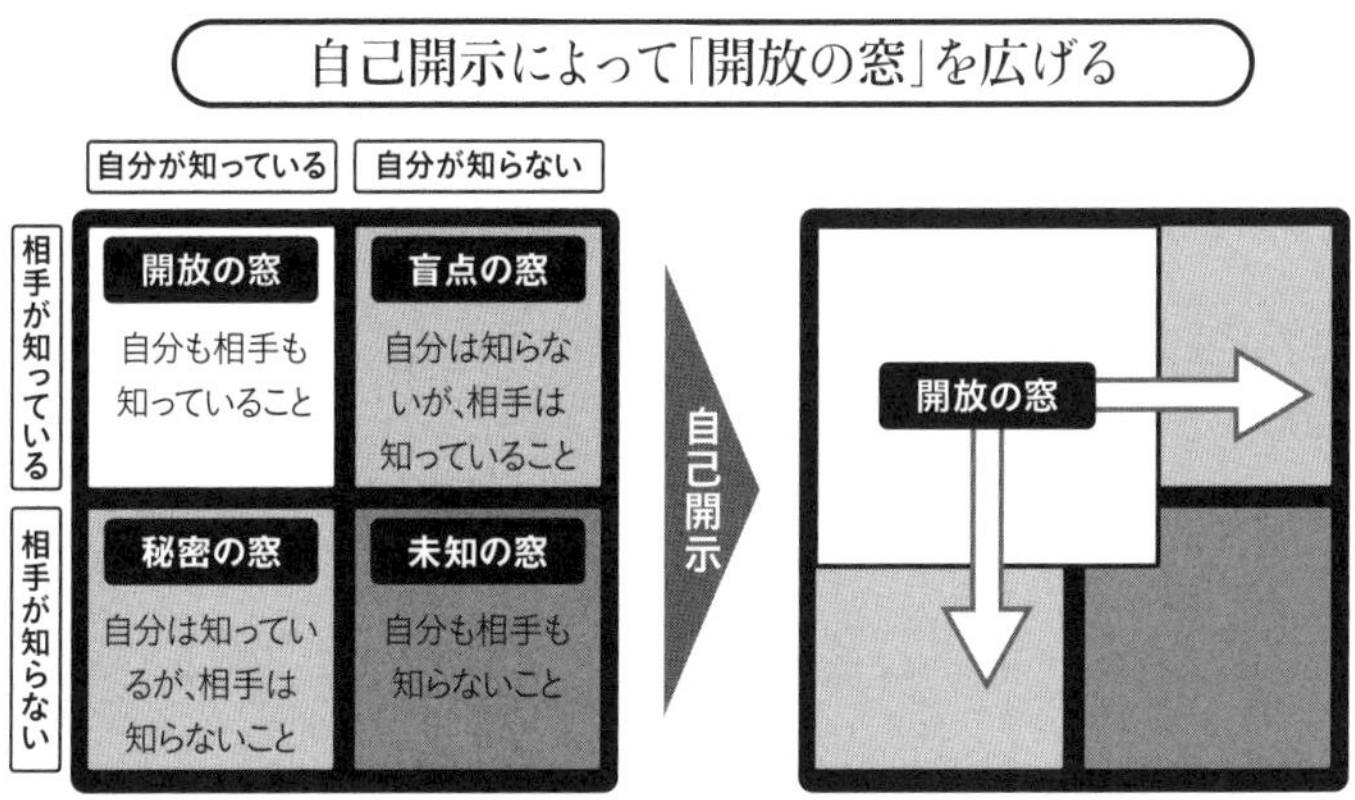

自己開示によって「開放の窓」を広げる
自分が知っている
自分が知らない
相手が知っている
相手が知らない
開放の窓
自分も相手も知っていること
盲点の窓
自分は知らないが、相手は知っていること
秘密の窓
自分は知っているが、相手は知らないこと
未知の窓
自分も相手も知らないこと
自己開示
開放の窓

CHAPTER 1-05

PM理論で目指すべきリーダー像をつかむ

パフォーマンスとメンテナンスに注目

目標達成を意識しつつ、人間関係にも気を配る

人材育成において、理想的なリーダー像とは、どんなものだろうか。リーダー像については古くから研究が重ねられてきたが、三隅二不二氏のPM理論は、人材育成という視点から見ても参考になる。

PM理論では、左図のようにリーダーの行動を「P（パフォーマンス）」と「M（メンテナンス）」の2つの軸で考える。パフォーマンスは目標の達成や課題の解決に注力することを指し、メンテナンスは人間関係の構築や維持に力を入れることを指す。P軸とM軸の強弱の関係で、左図のように、P型、M型、PM型、pm型という4つのリーダー像があらわれる。

P型は成果を重視し、M型は人間関係を重視する。PもMも重視するPM型は、**目標達成や課題解決に力を入れつつ、人間関係にも気を配れるリーダーだ。**いっぽうpm型は、成果面はそれほど重視せず、人間関係にもさほど関心をもっていないリーダーだといえる。人材育成においてどのリーダー像が優れているかということは、次項で整理していこう。

〈PM理論による4つのリーダーのタイプ〉

●パフォーマンスとメンテナンスの二軸で評価する

P型、M型、PM型、pm型の4タイプに分類できる。

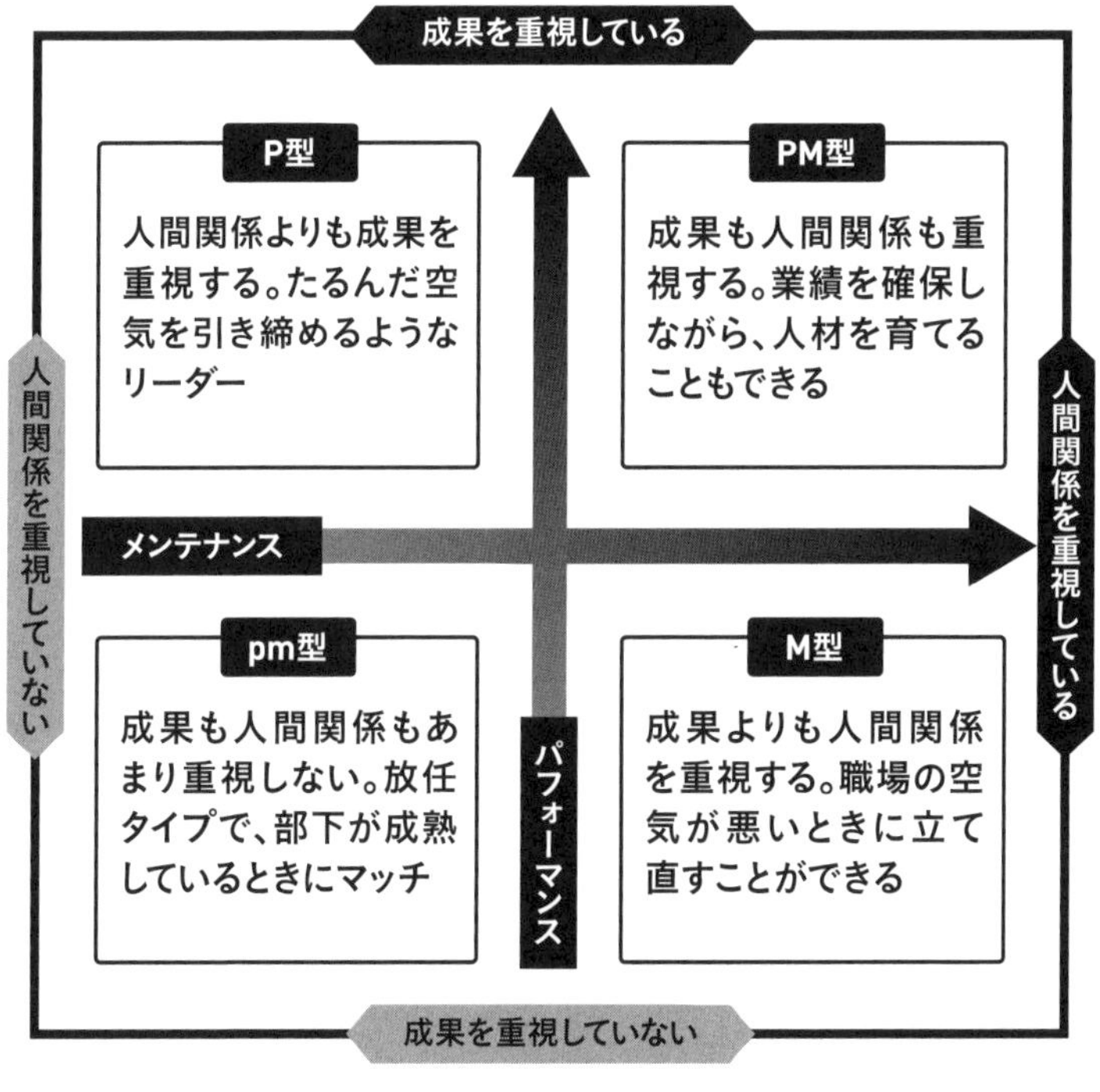

4つのリーダータイプそれぞれにメリットはあるが、人材育成のシーンによってはマッチしないタイプもある。

目指したいのはＰＭ型のリーダー

ＰＭ型、Ｐ型、Ｍ型、ｐｍ型という４つのリーダー像のうち、人材育成においてもっとも望ましいのは、どのタイプだろうか。

ある造船所でおこなわれた実験では、従業員に対して「いまの仕事に興味をもっているか」「毎日の仕事に張り合いがあるか」「いまの仕事を自分のものにしているか」「自分の仕事に誇りを感じるか」「仕事について、さらに高度な知識・技能を身につけたいか」といった質問をしたところ、いずれもＰＭ型のリーダーをもつ従業員がもっとも肯定的な回答をすることがわかっている。また、あるバス会社を対象におこなわれた研究では、上司がＰＭ型やＰ型だった場合、事故率が低くなることが明らかになった。

右記の結果からも、人材育成においては、ＰＭ型のリーダーが望ましいということがわかるが、自分はとてもそんなふうに振る舞えない……と感じる人もいるだろう。しかし、こういったリーダー像は必ずしも先天的に決定されるわけではなく、後から身につけることも可能だ。ある実験でも、同じ人物が４つのリーダーを演じ分けてリーダーシップの効果を測定したところ、ＰＭ型を演じたときがもっとも良好なスコアが出た。この結果は、ＰＭ型のリーダーシップの優位性を確認するだけではなく、もともとＰＭ型のリーダーではなくても、日々の心がけ次第でＰＭ型のように振る舞うことが可能で、また**リーダーがＰＭ型を目指すことで、部下もそれに応えてくれる**ことを示唆している。

軽視されがちなM行動

ではPM型のリーダーシップスタイルは、どのように身につければよいのだろうか。三隅二不二氏は著書『リーダーシップの科学』のなかで、部下の視点から見たP行動とM行動の測定項目を紹介している。まずP行動については、「あなたの上役は、仕事に対してどの程度指示命令を与えるか」「あなたの上役は、まずい仕事をしたときに、あなた自身を責めるか、仕事ぶりのまずさを責めるか」「あなたの上役は、毎月の目標達成のための計画を、どの程度綿密に立てているか」といった業績への圧力と計画性を問う測定項目が並んでいる。

いっぽうM行動は、集団維持にかんする測定項目が並ぶ。いくつか要約して例を挙げる。

- 仕事のことで、職場に気まずい雰囲気があるとき、それをときほぐしているか。
- 仕事のことで、あなたの上役と気軽に話し合うことができるか。
- あなたの上役は、あなたを信頼していると思うか。
- 職場で問題が起こったとき、あなたの上役はあなたに意見を求めるか。
- あなたの上役は、あなたの将来について気を配ってくれているか。
- あなたの上役は、あなた方を公平に取り扱ってくれるか。
- あなたの上役は、あなたに対して好意的か。

現場のリーダーが忘れてしまいがちなのは、やはりM行動だ。**職場環境が厳しくなるほどP行動に偏ってしまいがちだが、人材育成についてはM行動を強く意識するべきだろう。**

CHAPTER 1-06

状況に応じたリーダーシップ行動をとる

成熟度に着目したSL理論

4つのリーダーシップスタイルを使い分ける

PM型のリーダーの優れた点はすでに述べたが、決して万能ではない。たとえば成熟度が高い部下に対しては、あれこれいわずに放任するpm型のリーダーのほうがマッチする場合も少なくないだろう。職場環境やそこで働く人々の属性はさまざまであるため、**個々の状況や人材レベルに合わせて、リーダーシップのスタイルを使い分ける必要がある。**この点においては、ハーシーとブランチャードが提唱したSL(状況対応リーダーシップ)理論が参考になる。SL理論では、援助的行動と指示的行動が多いか、少ないかという分類法によって、「教示型」「説得型」「参加型」「委任型」の4つのリーダーシップを見出している。

左図は、部下の成熟度にあわせたリーダーシップの取り方をあらわしたものだ。成熟度が低いときのリーダーシップは指示的行動が多い「教示型リーダーシップ」が有効で、成熟度が高まるにつれて援助的行動を増やしつつ指示的行動を減らし、部下が成熟したら指示的行動も援助的行動も少なくする「委任型リーダーシップ」がマッチすることがわかる。

〈成熟度によって変化するアプローチ〉

●SL理論では部下の成熟度の高まりにあわせて
援助的行動、指示的行動の量を変えていく

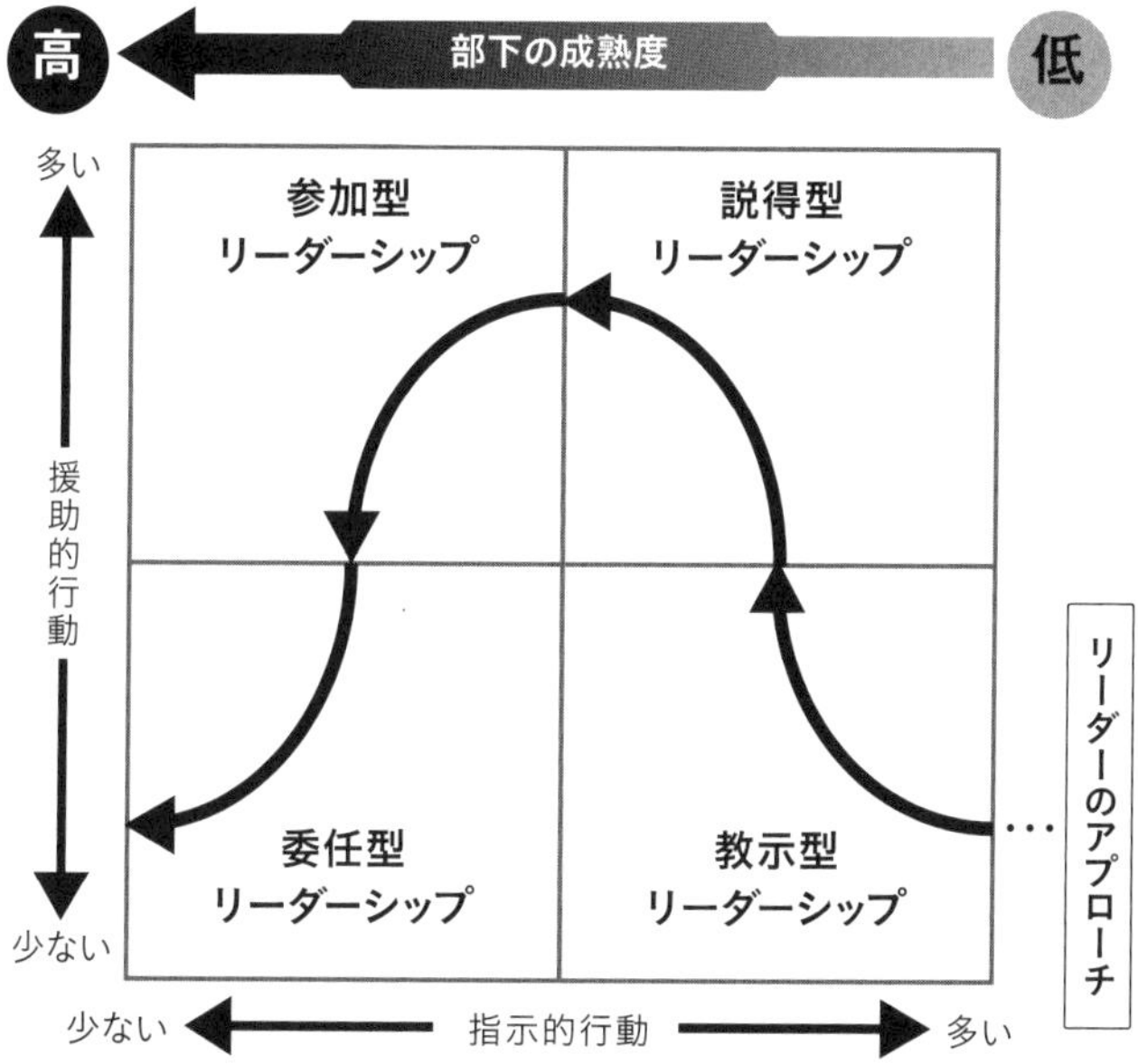

参加型リーダーシップ	説得型リーダーシップ
援助的行動が多く、指示的行動が少ない	援助的行動も指示的行動も多い

委任型リーダーシップ	教示型リーダーシップ
援助的行動も指示的行動も少ない	援助的行動が少なく、指示的行動が多い

成熟度が低〜中の場合

では具体的に、成熟度に応じたリーダーシップのあり方を見ていこう。

たとえばメンバーが新卒の社員で、まだまだ未熟といった段階であれば、教示型のリーダーシップからはじめるのがいいだろう。右も左もわからない状態では、指示的行動を増やして細かなところまでわかりやすく道を示すのが望ましい。反対に、この段階で委任型リーダーシップで接すると、育つ人材も育たない。自主的な仕事にはあまり期待せず、基本から教えていく姿勢が必要だ。

成熟度が少し増してくると、指示的な行動をキープしつつも、援助的行動を増やしていく。ただ指示を出しっ放しにするわけではなく、指示した事柄についての意図を説明したり、部下から疑問があがってくればそれに答えたりと、やや人間関係を重視したかかわりになってくる。さらに成熟度が高まり、あれこれ具体的な指示を出さずとも部下が動けるようになってきたら、徐々に指示的行動を減らして、さらに援助的行動を増やしていく。たとえば割り振ったプロジェクトのゴールや目的といった大きな枠組みを示して、あとは自ら行動するのを見守ったり、折りにふれてフォローしたりするといったやり方だ。

このように、**成熟度が未熟な状態から標準的な状態まで高まっていく段階でいかにアプローチするかによって、部下の育ち方が決定付けられる場合もある**ため、マネジャーは襟を正して部下に接したい。

成熟度が中～高の場合

続いて、さらに成熟度が高まった状態、いわゆる中堅社員の場合はどうだろう。中堅社員にもなれば、自分で仕事をコントロールできる人が大半で、細かな指示は逆に足かせになることもある。トラブルが発生したときやスケジュールに遅れが生じているときなど、問題が発生した際に援助する程度に留めておき、あとは見守る姿勢をキープすることが基本になる。とくに、部下との間で仕事に対する考え方が共有できているならば、指示的行動は極力減らし、マネジャーは裏方となって仕事をしやすい環境を整えてあげるなど、援助的行動に注力するようにシフトしていく。

そして、ベテランの社員になったときは、指示的行動も援助的行動も少なくていい。この段階になると、相手との間の信頼関係も十分にできていて、マネジャーがあれこれ気を回さずとも、主体的に仕事を進めてくれる頼れる存在になっているはずだ。このレベルになると、権限委譲も視野に入ってくる。また、年上の部下に対しても、委任型のアプローチはうまくいくことが多い。

ただ、中堅社員にもベテラン社員にも共通することだが、**仕事に対する意欲が低下している部下には、また違った接し方が必要になる。**たとえば能力があるのに意欲が乏しい部下には、目標によるプレッシャーをかけるなど、個々人の状況にあわせた対応をするべきだ。場合によっては、委任型から参加型、説得型へと巻き戻す必要もあるだろう。

CHAPTER 1-07

「押しつけ」ではなく、部下に奉仕する

サーバントリーダーシップ

リーダーもフォローに回る

　ＰＭ理論のＭ行動やＳＬ理論の援助的行動にも共通することだが、人材育成においては単にマネジャーが仕事を押しつけるのではなく、部下が仕事をしやすい環境を整えたり、問題が起きたときに的確にフォローしたりする姿勢が欠かせない。そして部下に意欲や能力が備わっている場合は、あれこれ口出ししたくなる気持ちを抑えて見守る姿勢も大事だ。

　こういったリーダーシップのあり方は「サーバントリーダーシップ」とも呼ばれ、近年注目を集めている。サーバントという言葉には「召使い」や「奉仕」といった意味があるが、だからといって受け身のリーダーシップではない。**部下にミッションやビジョン、バリューを受け入れてもらい、全員の力を借りて目的を成し遂げる**というのが本来の主旨だ。

　サーバントリーダーシップをうまく機能させるには、「ミッションやビジョン、バリューを部下に示す」ことと「目的を達成するために部下に奉仕する」という両輪が必要だ。左ページのサーバントリーダーシップの特性を見ると、そのあり方がよくわかるはずだ。

〈サーバントリーダーシップの特性〉

●サーバントリーダーは10の特性で形づくられている

①傾聴
相手が望んでいることを聞き出し、どうすれば役に立てるかを考える

②共感
相手の立場に立って、相手の気持ちを理解する

③癒し
相手の心から傷を取り除き、本来の力を取り戻させる

④気づき
ものごとをありのままに見て、相手にも気づきを与える

⑤納得
権限に頼ることなく、相手の合意を得ながら納得を促す

⑥概念化
大きな夢やビジョナリーなコンセプトをもち、それを相手に伝える

⑦先見力
現状と過去を照らし合わせ、直感的に将来の出来事を予想する

⑧執事役
一歩引いた立場から、自分の利益より、相手に利益を与えることを喜ぶ

⑨人々の成長への関与
仲間の成長促進に深くコミットし、個々が秘める力や価値に気づく

⑩コミュニティづくり
愛情や癒しに満ち、人々が大きく成長できるコミュニティを創出する

※NPO法人 日本サーバント・リーダーシップ協会のWebサイトより著者が要約。

単なる召使いではなく、イニシアチブをとる

マネジャーの多くは、「優れたリーダーがいれば業績はアップする」などとうぬぼれがちだが、実際には部下の協力がないとなにもできない。**フォロワーがいてこそ、リーダーはミッションやビジョン、バリューを具現化することができる**のだ。

では、フォロワーはどんなリーダーに「ついていきたい」と思うのだろうか。自分に面倒な仕事ばかりを押しつけて、手柄だけをもっていくようなリーダーに忠誠を誓える人はいないだろう。また、サーバントリーダーシップには「召使い」や「奉仕」といった意味があると述べたが、本当の召使いのように下手に出てばかりいるリーダーを尊敬しろというのにも無理がある。24ページで、リーダーシップについて「人間関係をもとに人を巻き込み、望ましい行動を引き出すこと」と定義したが、それにはミッションやビジョン、バリューを部下に示し、イニシアチブをとりつつ、目標とするものに向かって進むための共感を得ることが大事だ。そして、**あるミッションを掲げているときに、それを実現するカギをフォロワーが握っているのなら、リーダーは奉仕に徹するべきである。**こういったリーダーシップのあり方を前提として、リーダーがフォロワーを支えるのが、サーバントリーダーシップの真髄だといえるだろう。リーダーというと、「フォロワーの上に立って相手を動かす存在」というイメージがあるが、「自らが土台になってフォロワーを支える」「フォロワーに奉仕する」という信念がなければ、本当の意味で部下の気持ちを掴むことなどできないのだ。

CHAPTER 2

人材育成の基礎知識

CHAPTER 2-01

人材育成の流れをおさえる

計画や目標を設定する

思いつきの指導ではダメ

人材育成は、日常のあらゆる業務を通じて実施しなければならないが、だからといってなし崩し的におこなっていては効果が薄い。日常の折々で部下を指導したり、行動をただしたりすることはもちろん大事だが、事前に計画を立てて、どのような将来像を目指すかということは明らかにしておきたい。たとえば、個々の人材に対する課題を洗い出し、人材ごとの目標を設定する。そして設定した目標に合わせて適時指導をおこない、必要ならばＯＪＴや研修も実施する。さらに、それらの効果を測定し、その結果に応じて目標を再設定したり、新たなＯＪＴや研修を実施したりする……という繰り返しが一連の流れになる。

人間、一度に覚えられることは限られている。また、指導する人材によって、知識や技術を吸収するスピードも変わってくる。マネジャーが思いつきで指導するのではなく、**まず必要とされている知識や技術とのギャップを洗い出し、優先順位を明確にする**ことで、効率的かつ円滑な育成が可能になるというわけだ。

〈人材育成の基本的な流れ〉

●日常の業務のなかでも個々人の課題を適時見極め 積極的に育成の機会をつくっていくことが大事

必要とされる技術や知識は、個々の人材によって異なることが多い。画一的な対応ではなく、人材ごとの個性を把握したうえで計画や目標を立てたい。

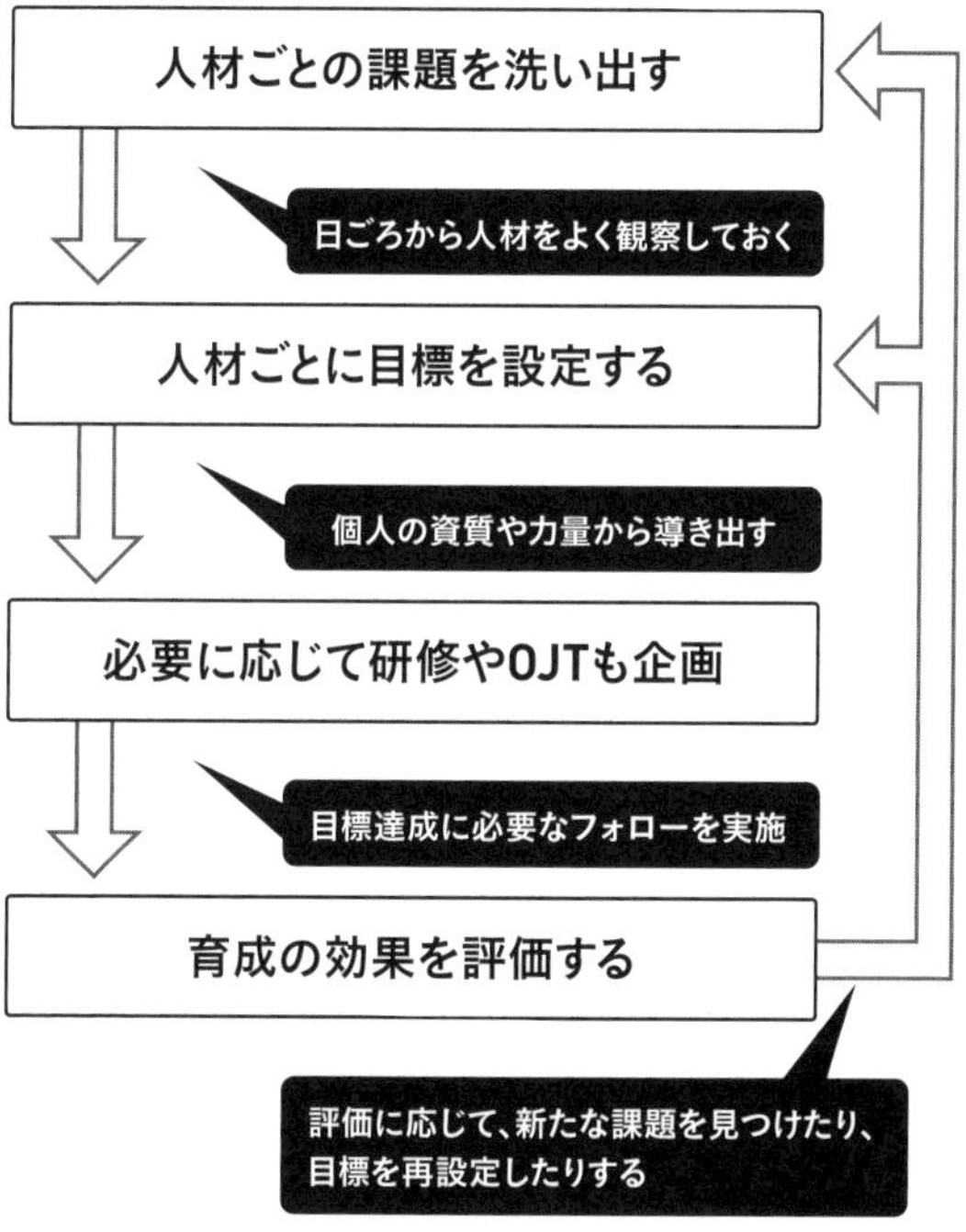

必要とされる技術や知識を十分に習得できていれば、次のステップに移る。不十分なら再度目標を設定し直す。

部下とのコミュニケーションが人材育成の基本

ＯＪＴを中心とする日常業務を通した人材育成では、部下の日ごろの態度や行動をじっくり確認し、適時ほめる、注意する、助言を与えるといったアプローチが必要になる。マネジャーは常に育成について意識し、指導するチャンスがあれば、タイミングよく実行しなくてはならない。忙しいからといって躊躇したり、先送りしたりせずに、「その場ですぐにおこなう」のが、もっとも効果的だ。日常の業務を通じて育成するということは、マネジャーは片時も気を抜けないことを意味している。とくに**部下にとって直属の上司は、目指すべきロールモデルになりうる存在だ**。口先だけで指導するのではなく、実際にやってみせるなど、部下の手本となることを心がけたい。

また、複数の部下を抱える場合は、部下ひとり一人に目を配る必要がある。研修などＯＦＦ－ＪＴではどうしても画一的な対応になりやすいが、ＯＪＴをはじめ日常業務での課題や目標を設定する場合は、部下にとって細部が異なって当然だ。課題や目標は一方的に決めつけるのではなく、部下の意見を聞くことも大事だ。そのためには日ごろから部下と信頼関係を築き、課題や目標についてオープンに話し合えるようにしておきたい。

以上のように、人材育成は日常のコミュニケーションが非常に重要になるが、そのバックボーンになり、ブレない指導を実現するために必要なのが、次項で取りあげる課題や目標の設定だ。

大局観をもって育成計画を立てる

目標を立てずに人を育てるということは、育成するほうもなし崩し的になるが、育成される側にとっても、なにをやったらいいかわからなくなりがちだ。本人の自発的な学びに期待している……というマネジャーもいるかもしれないが、**そもそも自力で成長できる人材はごく少数だ。**放っておくと、間違った方向に突き進んでしまう場合もあるだろう。人材育成は日常の業務に溶け込むと本来の目的を見失ってしまいがちだが、大きな筋道を設定しておくと迷わずに済む。

たとえば目標や計画を立てるときに、本人にあるべき理想像を提示するというのも、ひとつの方法だ。単に技術や知識を習得させるのではなく、ビジネスパーソンとしてどんな将来像を描くか、という大きな視点をもつことで、やる気や成長スピードはずいぶん変わってくる。走り幅跳びをするときに、足元を見て跳ぶのではなく、目線を上げて踏み切ったほうが距離が伸びやすいのと同じだ。

忙しい毎日のなかで、つい目先の指導ばかりに偏ってしまいがちだが、**そもそも人材育成とは、単に知識や技術を教え込むのではなく、人材のもっている可能性をいかに引き出すかという視点が大切になる。**もともと人材がもっている力や、眠らせている可能性を、どう活かしていくのか。育成計画を立てるときは、その部下の人生を左右するくらいの覚悟と大局観をもって臨みたい。

CHAPTER 2-02

まずは「型」にはめることからはじめる

「守・破・離」の概念を育成に取り入れる

型がないと型無しになる

部下ひとり一人にあわせた柔軟な人材育成を実現するためには、大前提としてまず「型」にはめることからはじめなくてはならない。型にはめるという言葉には、息苦しいイメージがあるかもしれないが、**基本の型ができていないと、スタートラインに立つこともできない。**武道や伝統芸能の世界でも、「守・破・離」という概念があるが、「守」、すなわち型にはめることからはじめなければ、決して「破」や「離」の段階には進めない。これはビジネスの世界でも同様で、職種は違っても会社ごとに身につけておくべき型に相当するものは必ずあるはずだ。

ある歌舞伎俳優が以前「型がないと、型無しになる」と話していたが、一人前のビジネスパーソンになるのにも、まず型にはまり、そこから自分なりの方法論を見つけていかなければならない。**型があるからこそ「型破り」な存在になれるわけで、部下を型無しにしてしまうのは、型にはめない上司の責任でもある。**

〈ビジネスパーソンも守・破・離が基本〉

●守・破・離を繰り返して成長していく

マニュアル人間では戦力にならない

型にはめることを、マニュアル人間をつくることと同列に考える人がいるが、決してそうではない。もちろん、マニュアルも人材育成において有用なもので、たとえば仕事のルールを学ぶときや、方法論が確立された業務を覚えるときには、さほどコストをかけずに人材を育てられるメリットがある。

また、マニュアルは初版からどんどん改訂されることが多く、版を重ねていくごとに、その職場にかんするノウハウが詰まった内容に洗練されていく。大勢が共有する資料としてまとめることで、業務全体を通した改善点が見えてくるなど、人材育成にマニュアルを使うメリットは小さくない。ただ、標準化が難しい仕事や、イレギュラーが発生しやすい仕事にかんしては、マニュアルだけに頼れない。業種にもよるが、**ビジネスパーソンの業務の多くは、そういったマニュアル頼みにできない仕事だ。**

能や歌舞伎の伝承についても、マニュアル化できないからこそ、対面での稽古といった型が用いられる。型もマニュアルもノウハウの集合体という意味では似たメリットをもつが、型は知見や知恵といった、単なるノウハウを超越した境地に達したものだ。状況や環境に応じた柔軟な行動は、型も含めた「守・破・離」によってしか身につかないのである。教える側からすれば、手間がかかるし時間もかかるが、本当の意味での戦力を育てるのならば、型にはめるコストを惜しんではいけない。

ひとつの「守・破・離」をクリアすると、新たな「守・破・離」がやってくる

「守・破・離」の「守」は基本だけに軽視されがちだが、新入社員のほとんどは、その基本ができていないと考えたほうがいい。また、中途入社の社員でも、分野や社内カルチャーが変われば、その環境の「キホンのキ」も理解できていない場合がほとんどだ。まず「守」に取り組んで、自律的に仕事を進められるようになることは、どんな職場においても必須項目だといえる。どうにか「守」をクリアすると、今度は自分が教える側にも回る「破」の段階に進む。「破」では後輩の指導などを通じて、自分なりに知識や技術を消化し、改良していく作業に入る。**人にものを教えるということは、自分が身につけてきたことの振り返りにもなる。**自分で仕事を改善、改良し、その人なりの味付けが出てくるころだ。

そして「離」でオリジナルの方法論にまで昇華させて、自分のメソッドをつくりあげる。最初は型にはまっていても、「守・破・離」を経ることで、型を破った創造的な境地にまで進むことができるわけだ。それには、「破」の段階で学びを促進させるために後輩の指導を任せるなど、**マネジャーによる働きかけも大きな助けになる。**

また、新入社員として「守・破・離」をクリアしたらそれで終わりではなく、リーダー、管理職といったステージごとに、新たな「守・破・離」が生まれる。新入社員として離の境地に至ったのなら、次はリーダーとしての守がはじまるわけだ。もちろん、マネジャー自身も人材育成を通じて、自分自身が新たな段階にステップアップしていくことができる。

CHAPTER 2-03

部下のモチベーションを高める

やる気を引き出すアプローチとは？

内なる欲求を刺激する

マネジャーがいくら頑張って人材育成に取り組んでも、部下のモチベーションが低ければどうしようもない。モチベーションには「動機付け」という意味があるが、もっと簡単に「やる気を引き出すもの」と捉えてもいいだろう。やる気のある、ないは個人の資質だと思われがちだ。実際、最初からとてもやる気があるように見えない部下がいることも事実だが、大抵の場合、**部下のやる気がないのは、マネジャーの責任である**ところが大きい。

では、モチベーションはどのようにすれば高まるのだろうか。モチベーションの源泉はさまざまだが、たとえば心理学者のマクレランドは、「親和欲求（仕事仲間と良好な人間関係を築く）」「パワー欲求（仕事上の力を獲得する）」「達成欲求（目標を高いレベルで遂行する）」といった要素を挙げている。こういった部下の欲求をマネジャーがうまく刺激することで、モチベーションが高まり、そしてモチベーションが高まることで、部下のやる気が引き出されて全体的なパフォーマンスもアップする。

〈モチベーションがやる気を引き出す〉

●モチベーションの源はさまざま

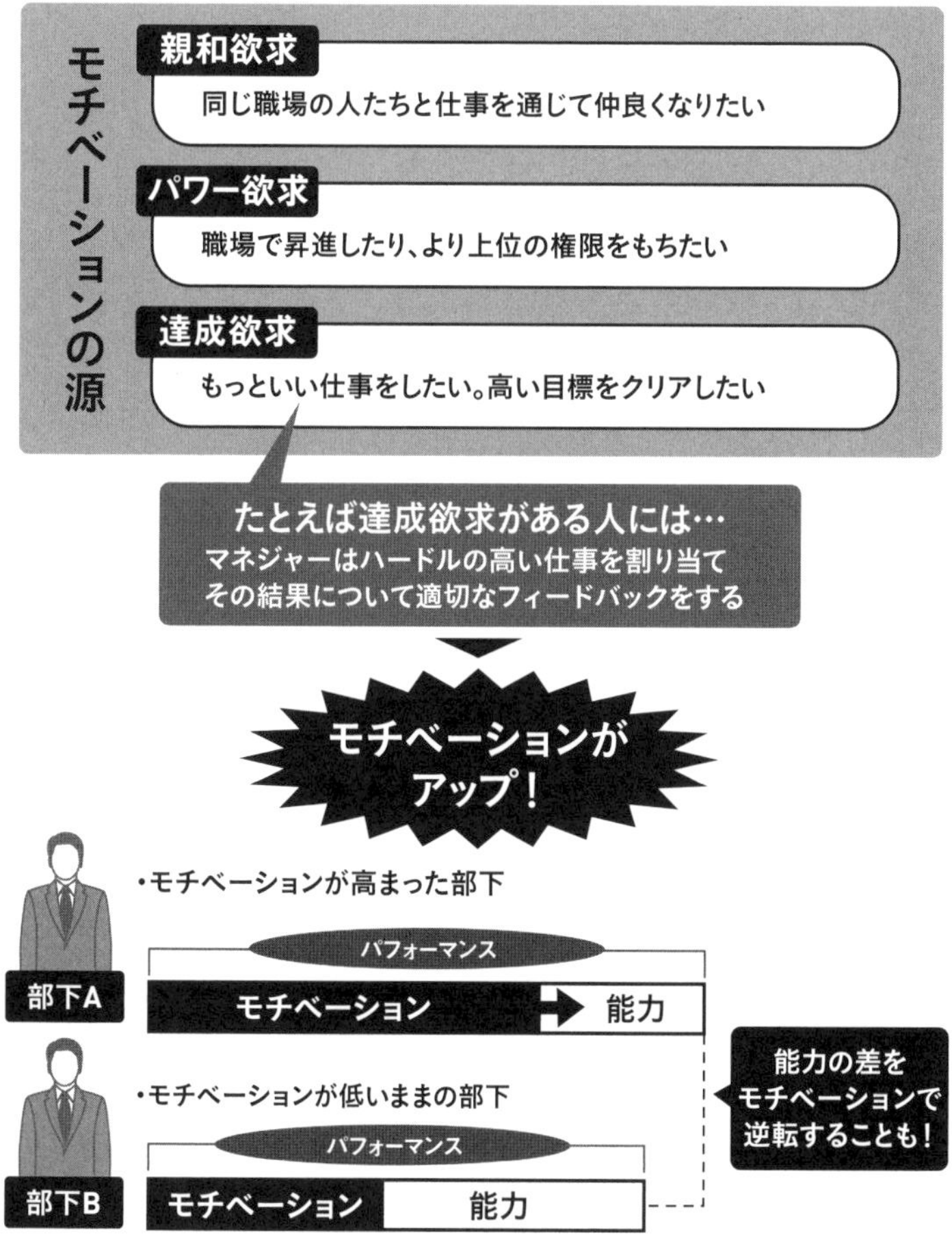

モチベーションの源
親和欲求
同じ職場の人たちと仕事を通じて仲良くなりたい
パワー欲求
職場で昇進したり、より上位の権限をもちたい
達成欲求
もっといい仕事をしたい。高い目標をクリアしたい
たとえば達成欲求がある人には…
マネジャーはハードルの高い仕事を割り当て
その結果について適切なフィードバックをする
モチベーションが
アップ！
・モチベーションが高まった部下
パフォーマンス
部下A
モチベーション
能力
・モチベーションが低いままの部下
パフォーマンス
部下B
モチベーション
能力
能力の差を
モチベーションで
逆転することも！

成果主義は万能ではない

金銭的な報酬も仕事をする動機付けのひとつになるが、人は必ずしもお金のためだけに働いているわけではない。誰だって仕事の成果をボーナスなどで適切に評価されるとうれしいものだが、成果主義的な考え方には限界がある。ひとつ興味深い例を紹介しよう。

アメリカの技術者で経済学者としても有名なテイラーは、働く人々の金銭的欲求に応えることでパフォーマンスが向上すると考え、差別的出来高給制度という報酬システムを編み出した。これは標準的な作業量を設定し、それを超えた場合と、超えなかった場合で、賃率を変えるという手法だ。この手法を応用して米フォード社が急成長を遂げるなど大きな成果もあげ、「経済人モデル」と呼ばれるなど注目を集めた。しかし同時に、人間を金銭で動く機械のように扱うという批判も受けている。

いっぽうでハーバード大学のメイヨーのグループは、経済人モデル的なアプローチから、電気機器の製造工場で働く女性工員のパフォーマンスを測定している。この研究は「賃金や休憩時間を改善すればパフォーマンスもあがる」という仮説をもとにしており、実際にパフォーマンスもあがったが、意外なことが判明した。一度改善した賃金や休憩時間を元に戻しても、パフォーマンスは落ちなかったのである。

この結果から、メイヨーたちは**作業条件以外にも、女性工員のパフォーマンスを向上させる要因がある**ことに気づいた。それが次項で取りあげる「モラール」である。

パフォーマンスを決定づける欲求とは？

モラールとは、集団が掲げている目標に対する熱意や、集団のなかで自分の役割を果たそうとする責任感を意味する。

メイヨーたちの実験は約10年にもわたる大掛かりなもので、女性工員は**価値ある実験に貢献しているという思いから生じるモラールによって、いつもよりパフォーマンスがあがった**のだ。栄誉ある実験メンバーにふさわしい熱意や責任感をもって仕事に臨み、結果的に成果が高まったというわけだ。この研究成果が発表されるまでは、金銭など外部的な刺激によってパフォーマンスが変わると考えられていたが、内面的な要素がパフォーマンスに大きく影響していることがわかり、「感情の発見」ともいわれるほどの反響があったという。

現代のビジネスパーソンの仕事のなかでも、働きかけ次第でパフォーマンスは大きく変化する。たとえば、部下に仕事を任せるということは、自分の意思で仕事のやり方を決め、最後までやり抜こうという自己決定感を刺激する。仕事に影響を与える報酬は金銭的なものだけではなく、自尊心を満たしたり、権限を与えたりするなど、さまざまな要素があるのだ。たとえばある研究では、職務上の階級が上がれば、給料が据え置かれていても、モチベーションが高まることがわかっている。

肝心なのは、部下がそのときにどんな欲求をもっているかを、マネジャーが的確につかみ、いかに刺激したり、満たしたりするかということだ。

CHAPTER 2-04

内面から沸き立つ動機付けを目指す

外発的動機付けと内発的動機付け

内発的動機付けは持続性がある

労働条件がよかったり仕事にやりがいを感じていたりと、動機付けの要因になるものはさまざまだが、わかりやすく分類すると「外発的動機付け」と「内発的動機付け」に整理できる。**外発的動機付けは、金銭による報酬や叱責による罰など、外部的な要因によって動機付けられることを指す**。これに対し**内発的動機付けは、仕事にやりがいを感じる、仕事の成果に満足感を覚えるといった自分の内面から沸き立つものが要因となる。**

外発的動機付けは、たとえば好成績を達成した人にボーナスを払う、仕事でミスをした人を叱責する……といった対応が挙げられる。ただ、その効果は長続きせず、報酬にしても罰にしても、だんだんエスカレートさせなくては効果を維持できない。いっぽう内発的動機付けは、その人の内面に訴えかけるため、マネジャーをはじめ他人が完全にコントロールすることは難しいが、永続的な動機付けに結びつきやすい。マネジャーの働きかけ次第では、外発的動機付けの状態から内発的動機付けに導くことも可能だ。

〈内発的と外発的の違い〉

●人材育成の視点から見ても大きな違いがある

	内発的動機付け	外発的動機付け
動機付けの要因	仕事での充足や使命感など内部から沸き立つもの	賞与（報酬）や叱責（罰）といった外部からの圧力
効果	長期的、永続的	短期的になりやすい
本人の捉え方	自己決定感をもちながら仕事を進めることができる	「仕事をやらされている」という受動的な捉え方

内発的に動機付けられている人の特徴

- 仕事に興味をもっている
- 仕事に価値を感じている
- 仕事に対して責任感がある
- 自ら進んで仕事をする
- 技術や知識を深めることに積極的
- 「自分が決めた」という感覚がある

外発的に動機付けられている人の特徴

- 仕事そのものより報酬に興味がある
- 目に見える成果にこだわる
- 仕事に「やらされ感」をもっている
- 技術や知識の習得より効率を求める
- 余計な仕事はしない
- 責任を回避しようとする

仕事の意義を理解させる

では、マネジャーはどのように部下を内発的動機付けに導いていけばいいのだろうか。まずマネジャーは根気よくアプローチし、トライアンドエラーの精神で少しずつ外発的動機付けから内発的動機付けにシフトさせていくような姿勢が大切だ。たとえ能力的に未熟だとしても、少し高度な仕事を与え、その進め方をマネジャーが教え、適時フォローしていけば、多少の失敗はあっても仕事の面白味をより感じることができるだろう。

仕事の結果いかんで褒めることは、外発的動機付けにも通ずるが、うまくフィードバックを実行すれば内発的動機付けにつながりやすくなるだろう。さらに社内だけではなく、「お客様が喜んでいたよ」「仕事ぶりを褒めていたよ」といった顧客からの声を伝えるのも効果的だ。数字として成果を知るのではなく、きちんと上司が見ている、顧客が満足してくれているということを実感させることが外発的から内発的に導くポイントだ。

また、単に部下に仕事を与えるのではなく、**作業の意味や全体の業務に対する影響をきちんと説明すれば、仕事の意義を実感しやすい**。仕事の意義を実感することは、責任感の醸成にもつながっていく。誰にでもできる仕事、失敗しても誰かが埋め合わせられる仕事ではなく、「この仕事は自分が責任をもって完遂しなければ、全体に影響を及ぼす」ということを心に刻ませることが肝心だ。失敗をしたら罰を受けるから……といったレベルの思考から、内面から沸き立つ責任感にまで昇華させれば部下は大きく育つ。

「アンダーマイニング効果」に注意する

せっかく部下を内発的動機付けが優位な状態に導いても、接し方を間違えれば、また外発的動機付けが優位な状態に戻ってしまうこともある。たとえば、内発的に動機付けられている人に対して、金銭的な報酬を与えることで、内発的動機付けが外発的動機付けに置き換わることが知られている。内発的動機付けの研究で数々の優れた功績をあげたデシによる、興味深い実験を紹介しよう。

この実験では、まず大学生に面白いパズルを与えて遊ばせた。そのあと、大学生をグループに分け、あるグループにはパズルで遊んだあと報酬としてお金を渡し、あるグループにはお金を渡さなかった。すると、お金を渡さなかったグループは引き続きパズルで遊んだが、お金を渡したグループはパズルで遊ばなくなったのだ。これは、**パズルが面白いから遊ぶという内発的動機付けが、お金をもらえるから遊ぶという外発的動機付けに置き換わってしまった**ことを意味している。こういった心の動きを「アンダーマイニング効果」というが、たとえば仕事においても成果主義のように業績によって待遇が変わるようなシステムだと、同様の現象が起こる可能性は十分にある。また、金銭的な報酬だけに限らず、褒める、叱るといったさまざまな賞罰において、このような現象は起こる可能性がある。仕事が楽しくて仕方がない……といったように内発的動機付けができている部下は望ましい存在だが、アンダーマイニング効果に留意して接しなければならない。

CHAPTER 2-05

表面上の態度に騙されない

態度変容の三過程理論

追従・同一視・内在化を区別する

同じ仕事をやらせても、内発的か、外発的かという動機付けの違いによって、人材育成の成果はまったく異なってくる。たとえば部下に仕事のやり方を改めるように求めたときに、うわべだけで従っているのと、心から納得して受け入れているのでは、同じ「はい」という返事でも、仕事への取り組み方は違って当然だ。

ケルマンによる「態度変容の三過程理論」によると、人が態度を変えるときは、まず「追従」から入り、次に「同一視」に進み、そして「内在化」に到達するとされている。追従は報酬や賞賛を得る、あるいはペナルティを受けるといった理由により、とりあえず従うといった段階だ。同一視は報酬と罰にかかわらず、相手から好意を得たり、認められたりしたいという気持ちから態度を変える。そして内在化は、相手の指示や意見について心から納得して受け入れることを指す。**追従は賞罰、同一視は相手に対する好意が態度変容の要因になっているが、内在化にまで関係を深めれば、賞罰や好意が失われても態度変容は保持される。**

〈追従・同一視・内在化の違い〉

●同じように承諾したようでも内面は違う

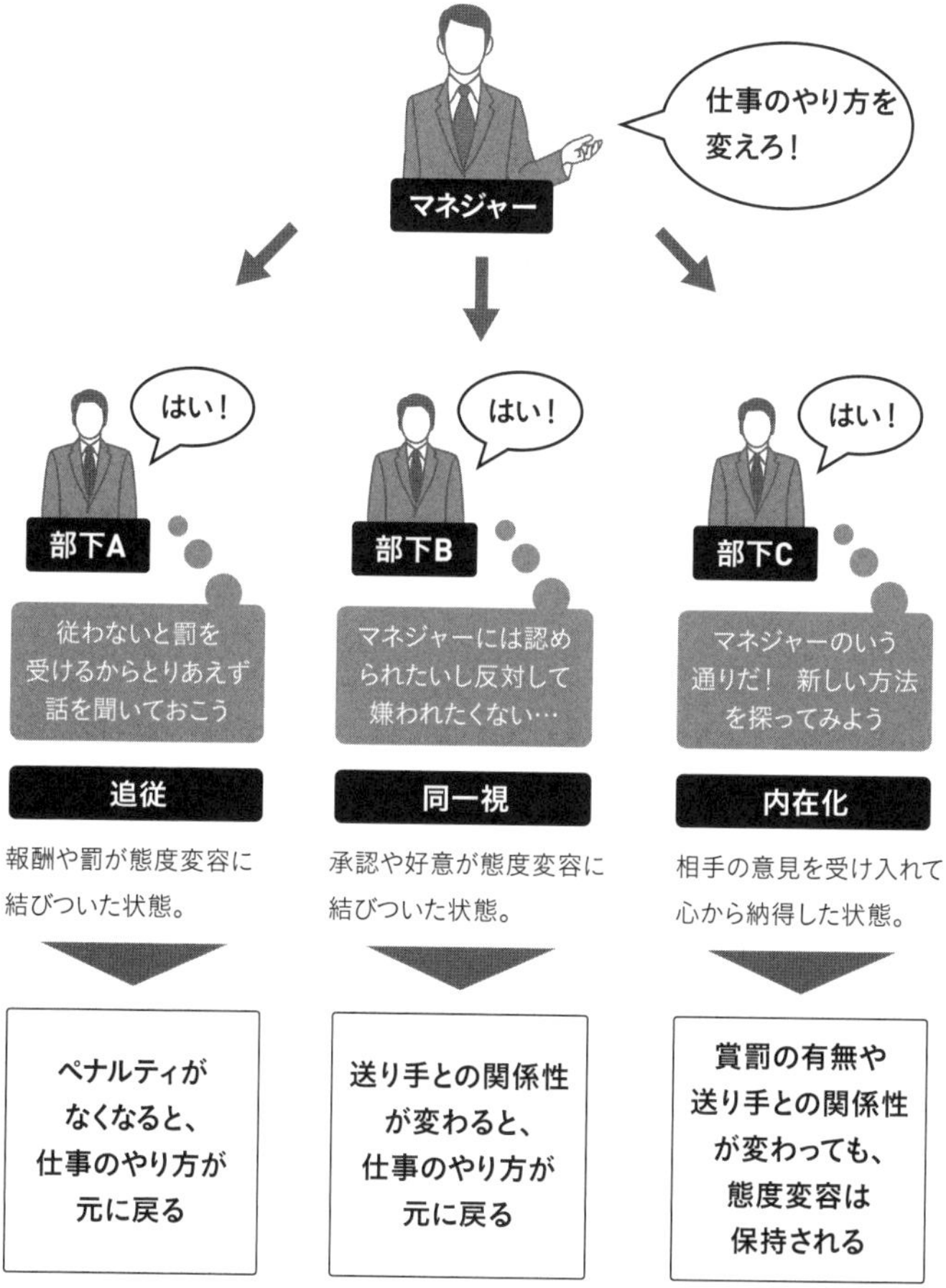

部下やチームとビジョンを共有する

部下の話を聴く前にビジョンを示す

できるだけ大きな将来像を見出す

仕事に必要な知識や技術を教え込むだけではなく、内に秘めた力を引き出すのが人材育成の基本だが、それには「なにを目指すべきか」ということを部下と共有していなくてはならない。日ごろから部下の話に耳を傾けるのは素晴らしい姿勢だが、それ以前に、**会社としてのビジョン、あるいは部門としてのビジョン、マネジャーとしてのビジョンを伝えることが先決だ。**会社や部門としてのビジョンは、そのポジションのトップの受け売りになりがちだが、必ず自分の言葉に変換したい。たとえば会社のビジョンは、社長の言葉を繰り返すのではなく、自分なりの解釈を加え、わかりやすい言葉で部下に伝えるといった具合だ。

マネジャーとしてのビジョンには、当然部下個人の将来像も含まれるだろう。このとき、目先の課題や目標ばかりを取りあげるのではなく、部下の資質を信じ、できるだけ大きなビジョンを示すべきだ。そうやってビジョンを伝えたあと、部下の夢やビジョンを聴き、お互いの目指すところをすり合わせることで、はじめてビジョンを共有できるのである。

〈部下とビジョンを共有する〉

●ビジョンのやりとりが共有につながる

①マネジャーからビジョンを伝える

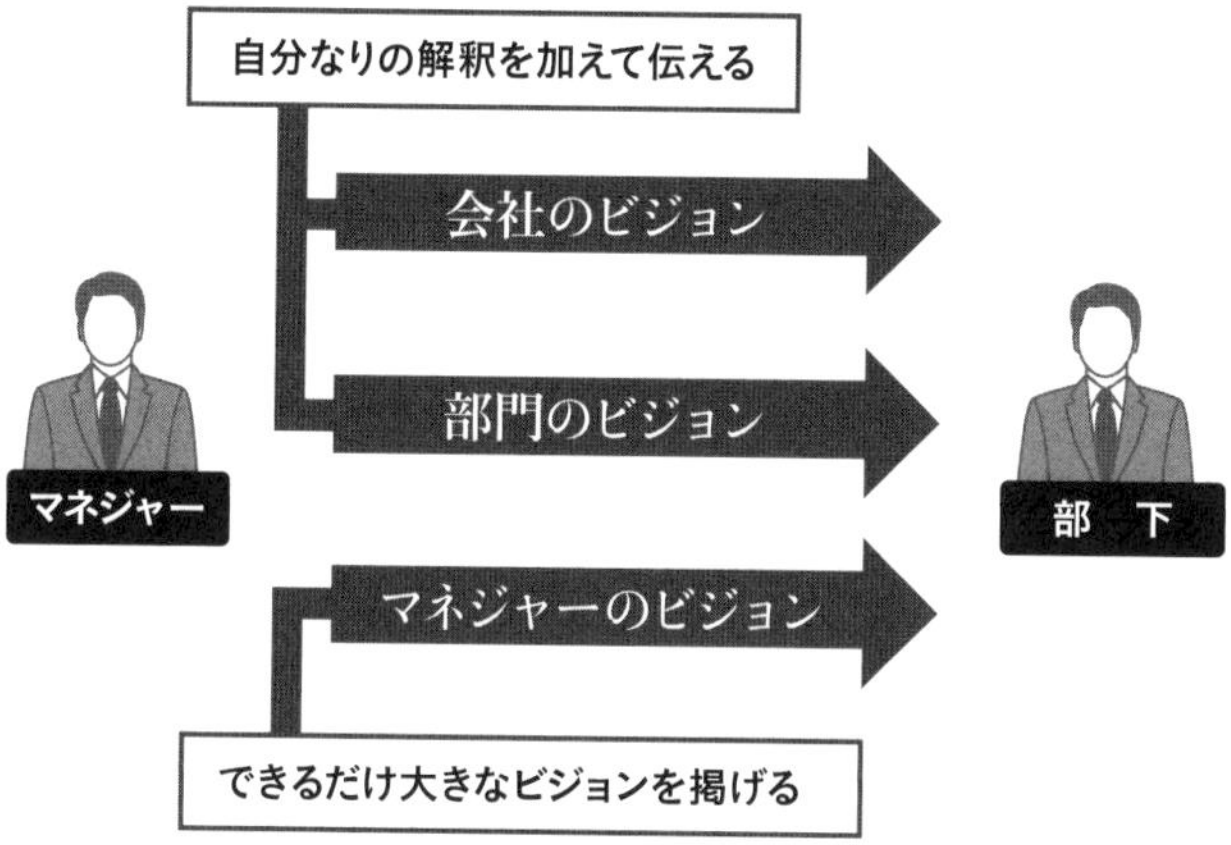

②ビジョンを伝えたあとで、部下の夢や目標、ビジョンを聴く

③お互いの目指すところをすり合わせる

チーム全体にビジョンを浸透させる効果

夢やビジョンを示せないマネジャーは、部下から信頼を集めることができないばかりか、チームを目指すべき姿に導くためにまとめることも難しい。

自分が育てられる立場だったときのことを思い出してみれば実感できると思うが、上司が部門に対しどのような未来を目指しているのか、自分に対しどんな将来像を描いているのか……ということが見えてこないと、なにを拠り所にすればいいのかわからなくなってしまうものだ。ビジョンが示されないと、自分は単なる歯車で会社や上司のために利用されているだけだと感じたり、自分の才能や能力に誰も期待していないのではないかと思ったりすることもあるだろう。

部下ひとり一人にビジョンを伝えることはもちろん、さらにチーム全体にビジョンを浸透させることも意識すれば、個々の人材育成にも大きく寄与するはずだ。たとえばビジョンをもとに望ましい行動をとっている人がいれば、それを見た新入社員が同じような行動をとることもあるだろう。先輩から後輩へとビジョンが伝達される効果も期待できる。

また、会社のような集団では、先輩の望ましい行動を後輩が見て模倣行動を引き起こすモデリングや、集団内の規範が個人の規範として伝播する規範的影響がよく起こる。**チーム内でビジョンがしっかり共有され、それを実現するための望ましい行動をとる人が増えるほど、個々の人材育成にもポジティブな影響を及ぼす**というわけだ。

CHAPTER 3

育成の土台を築く
コミュニケーション

CHAPTER 3-01

まずは職場の空気をつくる

コミュニケーション不全を避ける

マネジャーは「連結ピン」になる

あなたの職場では、コミュニケーションが円滑にとれているだろうか。朝の挨拶や報・連・相などの基本的なコミュニケーションが不全に陥っている職場では、部下を育てることなどできない。人材育成の前に、まず職場の空気をつくり出すことが必要だ。そして、**職場の空気をつくるのにもっとも影響力をもっているのがマネジャーだ**ということを自覚したい。

組織心理学者のリッカートは、「人と人」や「人と組織」を結びつけるコミュニケーション機能のことを「連結ピン」と名付け、マネジャーに必要な能力だとしている。これは部署内のコミュニケーションに限った話ではない。たとえば経営陣から下りてくる人材育成方針を、ミドルマネジャーがそのまま部下に対し適用するのではなく、自らが連結ピンとなって円滑に育成が進むように調整する。あるいは部下の不満や葛藤も、そのまま上にあげるのではなく、コミュニケーションギャップが発生しないように加工する。このようにマネジャーがコミュニケーションの要になれば、人材育成に適した環境をつくりあげることができる。

〈マネジャーはコミュニケーションの要〉

●コミュニケーションの輪はマネジャーが広げる

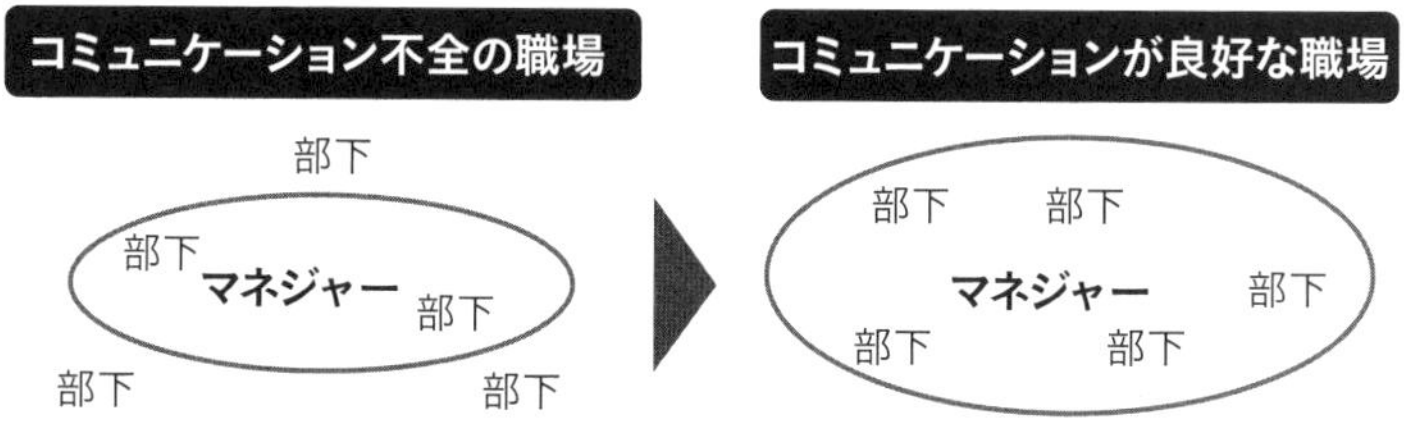

コミュニケーション不全の職場
部下
部下
マネジャー
部下
部下
部下
コミュニケーションが良好な職場
部下
部下
マネジャー
部下
部下
部下

とくにプレイングマネジャーが自分の仕事に掛かりきりのときは、コミュニケーションが特定の部下に偏りがち。

マネジャーが中心となってコミュニケーションの輪を広げていけば、職場の雰囲気は一変する。

マネジャーは「連結ピン」としても機能する

経営陣
マネジャー
部下

上から下りてきた人材育成方針をそのまま適用していては、マネジャーはいなくてもいい存在になる。

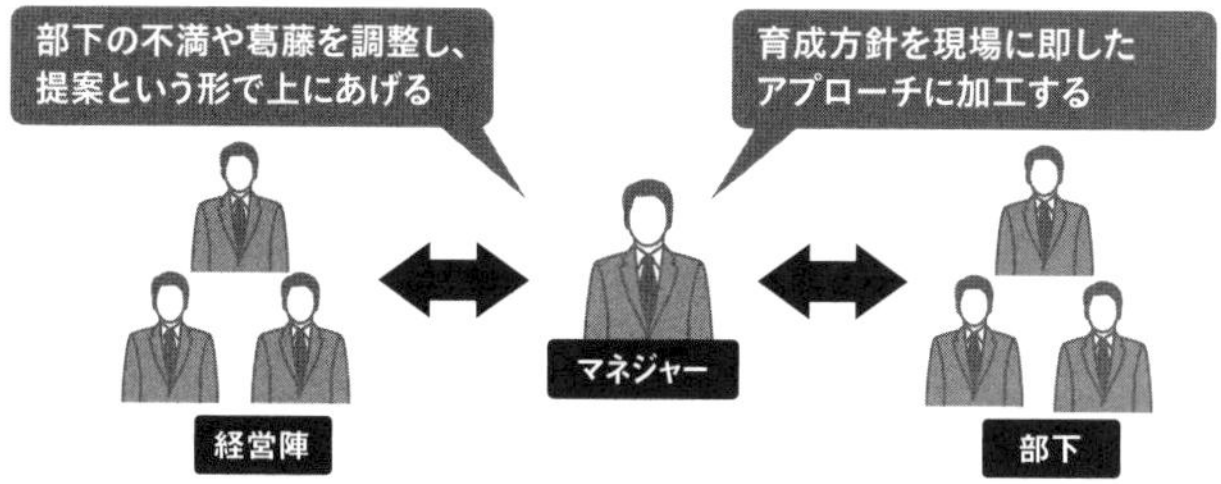

部下の不満や葛藤を調整し、提案という形で上にあげる
育成方針を現場に即したアプローチに加工する
経営陣
マネジャー
部下

マネジャーが連結ピンとなって、コミュニケーションを円滑化する。

マネジャーは情報の伝達にも気を配る

経営陣から下りてきた人材育成方針を、連結ピンとなってわかりやすく加工する……といっても、なかなか具体的なイメージがつかみにくい人もいるだろう。たとえば上層部から「新人であっても財務三表を読めるくらいの知識はつけておけ」「決算書を理解できるようにしろ」といった育成方針が打ち出されたとしよう。これに対し、「会社も面倒なことをいうなぁ」と苦笑いしながら、部下に財務三表の読み方をレクチャーするだけでは不十分だ。経営陣の意図を理解し、部下に育成の狙いをわかりやすく伝えなくてはならない。たとえば決算書を読むことは、経営者感覚のある社員をつくることに寄与する。部下がマネジャーを目指したいのなら、早く身につけるほどに効果は大きくなるだろう。財務三表をざっくり読めるだけでも、自社や取引先の状況が立体的に把握できるようになり、企画立案などの際も自社の問題点や取引先のニーズに沿った提案ができるだろう。「とにかく覚えろ！」ではなく、このように**意図や狙いを噛み砕いて伝えることが肝心だ。**

また、積極的に情報開示をする姿勢も忘れないようにしたい。会社の全体方針として示されている情報でも、一般社員に浸透していないことは意外と多いが、マネジャーが情報の取捨選択をし、部下に伝えるべき情報はどんどん開示していきたい。「まだ知らなくていい」ではなく、大きな枠組みの情報に早くふれることで、会社の将来像を明確に描けたり、そのなかで自分がなにを目指すべきかということが見えてきたりするからだ。

空気を変えるためにマネジャーがするべきこと

もうすでにコミュニケーション不全に陥っている職場では、マネジャーが率先して雰囲気を変えていくことが先決だ。先にも述べたように、職場の空気が悪いのは、マネジャーの責任であるところが大きい。たとえば朝、挨拶もなければ、仕事中の会話もほとんどなく、報告はメールが中心……という状況はかなり深刻だ。そこまでではなくても、普段から部下に「なにかあったら相談をしろ」といっているのに、誰も相談にこない……といったことが思いあたるなら、マネジャー自ら相談しにくい状況をつくり出していることが多い。たとえば部下に相談されて、「悪いが少し待ってくれ」といったことはないだろうか。

部下とのコミュニケーションは、最優先すべき仕事だと捉えるくらいでちょうどいい。そして、マネジャー自らが歩み寄らなければならない。とくに上司と部下という関係では、上司が部下のアプローチを待つ形になりがちだが、その姿勢がコミュニケーション不全を引き起こしていることは自覚するべきだろう。

たとえば朝の挨拶ひとつをとっても、部下がぼそぼそと挨拶してくる前に、マネジャーから「おはよう！」と声をかけることが大事だ。また、雑談の機会に自己開示することも有効だ。最初は気恥ずかしいかもしれないが、マネジャー自ら状況を変えようと努力している姿勢を見せることは、やはり場の雰囲気が一変するほどの効果をもつ。

CHAPTER 3-02

「聴き方」を工夫して部下の話を引き出す

マイクロカウンセリングの「かかわり行動」

自分が話すより聴くほうが大事

「部下とコミュニケーションをとる」といえば、自分がなにかを話すことばかり気にする人がいるが、それ以上に聴くことが大事だ。「きく」という言葉は、「聞く」や「訊く」とも漢字をあてることができるが、**人材育成においては、とにかく「聴く」を意識してほしい**。「聞く」では、どうしても「話が聞こえている」といった受動的なイメージがあり、積極的に相手の話を引き出そうという姿勢が見えない。また、「訊く」は積極的な姿勢はあっても、問いただすような雰囲気になってしまう。傾聴という言葉もある通り、いつでも相手の言葉に注意深く耳を傾ける「聴く」姿勢をもっていたいものだ。

また、話を聴くときの態度にも気を配りたい。心理学者のアイビィが提唱したマイクロカウンセリングの「かかわり行動」という技法では、人の話を聴くときの注意点として「視線を合わせる」「熱心な姿勢を示す」「相手の話す速さや声の大きさに注意する」「話のテーマを変えない」の４つが挙げられているが、部下と上司のかかわりにおいても参考になる。

〈話す以上に聴くことが大事〉

●「きく」は「聴く」「聞く」「訊く」の3つがある

聴く　listen

相手の言葉に耳を傾け、その意味を理解しようと努力する

聞く　hear

積極的に話を引き出すというより、受動的に聞き流すイメージ

訊く　ask

積極的に会話を引き出すが、上司と部下の関係ではやや高圧的

きちんと相手の話を引き出そうとすると、どうしても「訊く」という要素が色濃くなってしまうが、相手を受容する気持ちがあれば、自然と「聴く」雰囲気をつくり出せる。

●話を聴くときの態度にも注意

①相手と視線を合わせる

パソコンを見ながら相づちを打つなど、よそ見をして話を聞き流していないか注意する

②熱心な姿勢を示す

部下が重要な話をしようとしているときは、別室に移ってじっくり聴くなど、関心を示す

③相手の話す調子に注意する

話すスピードや声の大きさなどに変化があったときは、話の核心に入った可能性がある

④話のテーマを変えない

話の腰を折ったり、自分が用意した結論に誘導したりしないように注意する

きちんと話を聴いていることを示す

相手の話を聴くときの姿勢としては、マイクロカウンセリングの「感情の反映」という技法も参考になる。これは文字通り、話をしている人が抱いている感情を自分に反映させることを意味しており、「共感する」と言い換えてもいいだろう。

たとえば部下が何日も残業をしてコンペの準備をしたが、結果的に落ちてしまったときは、「あんなに頑張っていたのに、今回は惜しかったな」といった具合に、**相手の心情を慮って話を聴けば、きっと心を開いてくれる**はずだ。「お前の悔しさはよくわかるよ」とか、「俺にもそんなことがあった」といったふうに、相手の気持ちを理解していることや自分も同じような経験をしたことにふれるのもいいだろう。

ほかにも、マイクロカウンセリングには、励まし・言い換え・要約という3つの技法がある。励ましは、身振り手振りによって相手の話に興味をもっていることを示す技法だ。たとえば相手が新しいアイデアを提案してきたときなどに、手を打ちながら「それだ！」といえば、相手は気分よく話を進めることができる。「言い換え」は、相手の話を別の言葉で繰り返すことを指す。単なる相づちより、相手の話の内容に興味があることを、より強く印象付けられる。そして「要約」は、相手の話の内容をまとめるような形で返事をすることだ。これには相手の話にしっかり耳を傾け、深いところまで理解していることを示す効果がある。こういった技法を使い分ければ、自然な雰囲気で部下と密度の濃い話ができるだろう。

なかなか口を開かない部下の話を引き出す

あなたが聴く姿勢をもっていても、なかなか口を開かない部下もいるだろう。そういった部下からは、いかに話を引き出すかが肝心になるが、**あまり前のめりになると、「聴く」が「訊く」になってしまうので注意したい。**

たとえば部下に質問するときも、つい詰問するような雰囲気になってしまう人は多いと思うが、質問の仕方次第では柔らかい印象をつくり出すこともできる。それには「閉ざされた質問」「開かれた質問」という概念が参考になるだろう。閉ざされた質問とは、相手がYESかNOかで答えられる問いかけだ。いっぽう開かれた質問は、YESやNOなど一言では答えることができず、会話が続いていくような問いかけを指す。たとえば「A社のアポイントはとれたのか？」と質問するときは閉ざされた質問で、「A社のBさんの様子はどうだった？」という質問は開かれた質問になる。口数の少ない部下と会話をするときは、閉ざされた質問からスタートすると相手は話しやすいだろう。そして徐々に開かれた質問に移行していき、相手の考えや本心を引き出していくというふうに、うまく使い分けていきたい。

また、うまく会話が広がらない場合は、「why（なぜ）」「where（どこで）」「when（いつ）」「who（誰が）」「what（なにを）」「how（どうしたのか）」という5W1Hを意識して質問を組み立てると話の糸口をつかみやすい。ただ、whyを使いすぎると詰問口調になるので、バランスには気を配りたいところだ。

CHAPTER 3-03

非言語的なコミュニケーションに注目する

内面は仕草や態度にあらわれる

沈黙を恐れず、相手にボールを預ける

会話はもっとも端的に理解を深め合えるコミュニケーションだが、**言語によるやりとりばかりにとらわれていると、非言語的な情報を見逃してしまう可能性もある。**非言語(ノンバーバル)的な情報とは、たとえば自分と話しているときの相手の様子が挙げられる。落ち着いているか、焦っているか。視線を合わせてくるか、うつむいているか。こういった非言語的コミュニケーションからも、相手の内面を読み取ることができる。

人は言語以外からも多くの情報を読み取る能力をもっているが、沈黙に弱いせいで貴重な機会を失っている場合も少なくない。たとえば部下との会話のなかで沈黙の時間が生まれると、自分が話を引き取って結論めいたことを話してしまうケースもあると思うが、もう少し相手に時間を与えることが大事だ。会話のキャッチボールだけではなく、**相手にボールを預けて、自分と向き合わせたり考えさせたりすることで、前向きな結論が生まれることも珍しくない。**そのためには、相手がなぜ沈黙しているのか、よく観察することが大切だ。

〈非言語のなかに貴重な情報が隠れている〉

●言語的コミュニケーションと非言語的コミュニケーション

言語的（バーバル）	
対面での会話	電話
メール	SNS

非言語的（ノンバーバル）	
表情	視線
身振り	姿勢

非言語的コミュニケーションに本心が見え隠れすることも多い

あえて沈黙の時間を守ることも大事

無闇に沈黙を破るとコミュニケーションが薄くなる

沈黙が生まれる原因はさまざまだが、部下が内面で前向きに情報を処理しようとしている様子のときは、結論を急がずに待つ姿勢も大事。

沈黙のパターン①

部下が自分のなかで問題に向き合ったり、前向きに考えたりしている

沈黙のパターン②

マネジャーに依存する気持ちが強く、結論を出してもらおうとしている

沈黙のパターン③

叱られたり、批判されたりすることを避けるために、余計なことはいわない

沈黙の理由はさまざま。前向きな沈黙かどうかを見抜くためにも、非言語的コミュニケーションから情報を読み取ることは大切。

CHAPTER 3-04

お互いに納得できる結論を導き出す

アサーティブなコミュニケーションが重要

意見や主張のズレを埋めるには?

部下に自分の意見や考えを伝えるときに、押し付けがましい印象を与えてしまうマネジャーは少なくない。かといって部下に遠慮ばかりしていても、人材を育てることなどできないだろう。決して押し付けず、遠慮もせず、円滑なコミュニケーションを実現するために覚えておきたいのが「アサーション」だ。アサーションとは、対人行動にかんする主張や表明という意味合いがあり、次のように3つの技法に分類されている。

①アグレッシブ……自分の主張や意見を優先し、部下をおさえつける。
②ノンアサーティブ……部下の主張や意見を優先し、自分の考えを表明するのは控える。
③アサーティブ……自分の主張や意見をはっきり伝えるが、部下も尊重する。

アサーティブは、自分の主張や意見を明確にしながらも、部下の状況や考えも慮るため、たとえ**両者の方向性が異なっていても、お互いに納得できる建設的な結論を導き出す**ことができる。

〈アサーティブなコミュニケーションを目指す〉

●アサーションには3つの方法がある

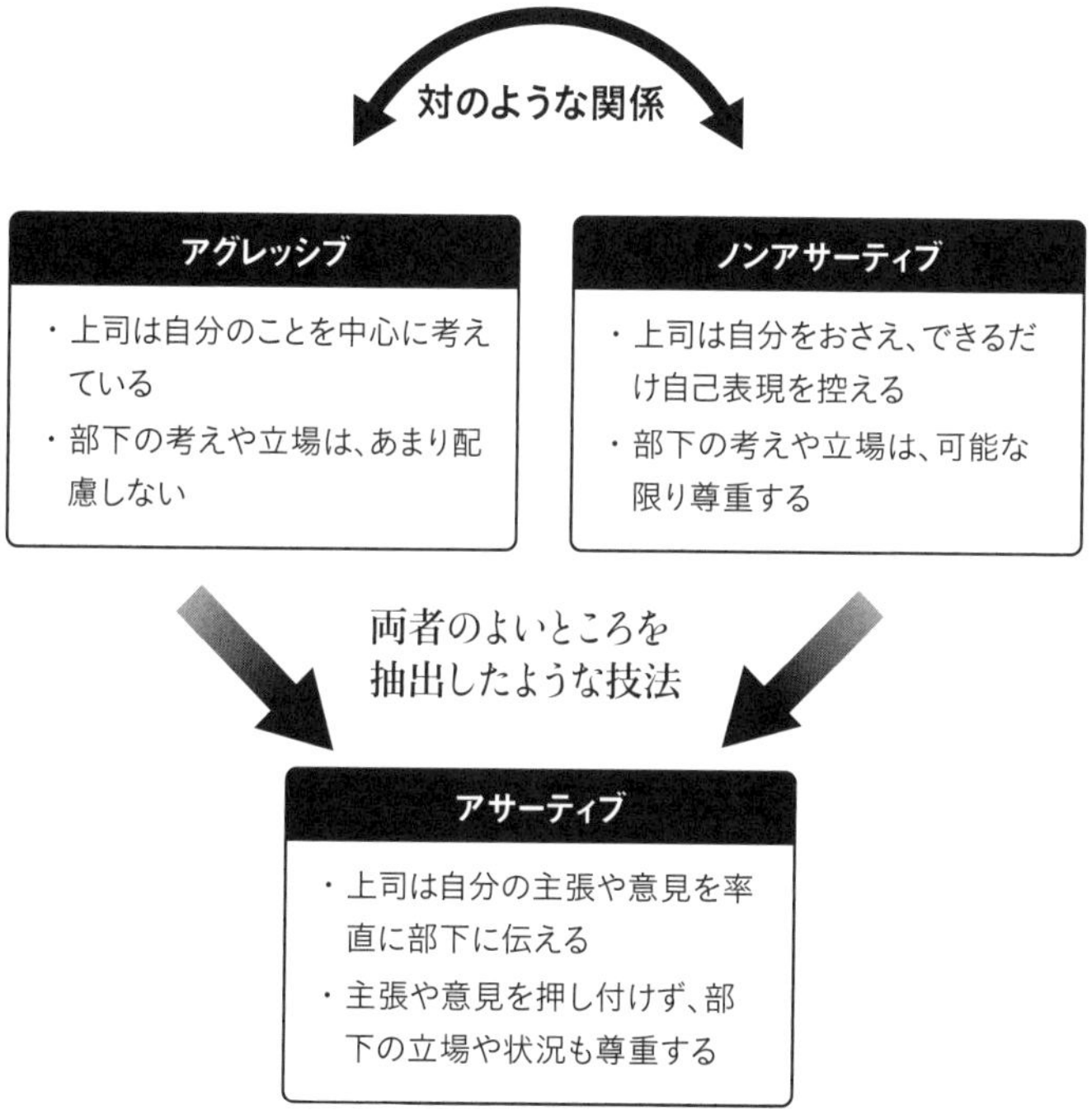
対のような関係
アグレッシブ
・上司は自分のことを中心に考えている
・部下の考えや立場は、あまり配慮しない
ノンアサーティブ
・上司は自分をおさえ、できるだけ自己表現を控える
・部下の考えや立場は、可能な限り尊重する
両者のよいところを抽出したような技法
アサーティブ
・上司は自分の主張や意見を率直に部下に伝える
・主張や意見を押し付けず、部下の立場や状況も尊重する

アグレッシブはパワーハラスメントなど強引なやり方に発展しやすく、ノンアサーティブは部下の統制がとれなかったり成果が上がらなかったりするリスクがある。上司は相手の考えや状況も考慮に入れて、互いに歩み寄れるアサーティブなコミュニケーションを心がけたい。

CHAPTER 3-05

相性が悪い部下にも無条件の肯定を向ける

ストロークの内容に注意する

にこやかに挨拶するだけでも「無条件の肯定」になる

マネジャーといえども人間だから、育成する人材によって、どうしても相性が出てくる面もあるだろう。ただ、自分と相性がよくないからといって、冷たくあたったり、無視をしたりしてはいけない。そんなことはわかっている、と思っていても、**自分の態度はなかなか客観視できない**ものだ。心理学の「ストローク」と呼ばれる概念で我が身を振り返ってみれば、自分が日ごろ望ましい態度をとっていたかどうかがよくわかる。

ストロークは、人から受ける刺激のことを意味し、言語的、非言語的にかかわらず、人と人とが接触する場面では日常的に生じるものだ。ストロークは相手を肯定するものと、否定するものに大別できる。そして、無条件で肯定するのか、条件付きで肯定するのかによって、左ページのように分類される。「無条件で相手を肯定する」などといわれると、海のように広い心が必要なのでは……と思うかもしれないが、にこやかに挨拶をするだけでも無条件で肯定したことになり、人間関係にも望ましい影響を与える。

〈さまざまなストローク〉

●肯定的/否定的、無条件/条件付きで大別できる

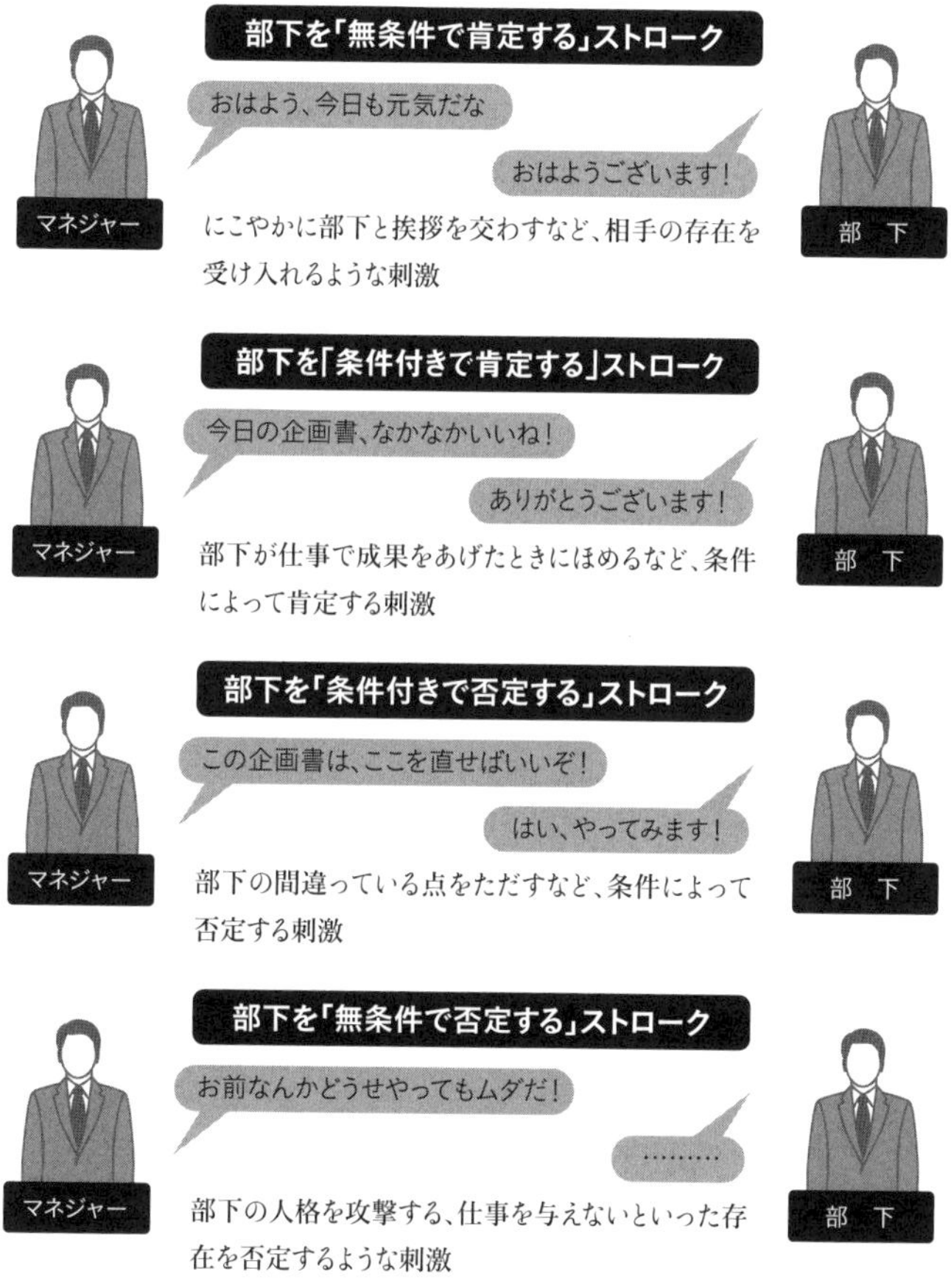
部下を「無条件で肯定する」ストローク
おはよう、今日も元気だな
おはようございます！
マネジャー
部　下
にこやかに部下と挨拶を交わすなど、相手の存在を受け入れるような刺激
部下を「条件付きで肯定する」ストローク
今日の企画書、なかなかいいね！
ありがとうございます！
マネジャー
部　下
部下が仕事で成果をあげたときにほめるなど、条件によって肯定する刺激
部下を「条件付きで否定する」ストローク
この企画書は、ここを直せばいいぞ！
はい、やってみます！
マネジャー
部　下
部下の間違っている点をただすなど、条件によって否定する刺激
部下を「無条件で否定する」ストローク
お前なんかどうせやってもムダだ！
………
マネジャー
部　下
部下の人格を攻撃する、仕事を与えないといった存在を否定するような刺激

「無条件の肯定」と「条件付き肯定」とは？

では、先に挙げた4つのストロークについて、細かく見ていこう。

まず部下を「無条件で肯定する」ストロークについては、**相手の存在や価値をそのまま受け入れる**ような刺激を指す。そのまま受け入れるというのは非常にハードルが高いような印象もあるが、決してそうではない。たとえば朝の挨拶や雑談をするときに、相手のことを気遣っているというサインを送るだけでもいい。風邪を引いて休んだ部下に対し、「もう大丈夫なのか。無理はしないようにな」と声をかけるだけでも、無条件で肯定したことになる。もちろん、業務が絡んだやりとりに対しては、条件が付いたり、ときには相手を否定したりするストロークも出てくるが、無条件で肯定することは基本的に心がけ次第でいつでも実行できるため、ぜひ習慣にしてほしい。

次に部下を「条件付きで肯定する」ストロークだが、たとえば仕事でよい企画を提出した、新規顧客を獲得した、といった**成果に対して肯定するような刺激**を指す。当然ながら、なにも成果をあげていないときには使えず、やみくもに相手を褒めても逆効果になることもあるだろう。ただ、人事考課の面談など、定期的に仕事ぶりを評価するとき以外にも、日常で条件付きの肯定が可能なときは、積極的にコミュニケーションをとっていきたい。「やって当然」という態度をマネジャーが見せていると、部下はモチベーションを落とすだけではなく、自分の仕事に自信をもてなくなってしまうからだ。

「条件付きの否定」と「無条件の否定」とは？

3つめのストローク、部下を「条件付きで否定する」については、否定するという言葉がネガティブな印象を与えるかもしれないが、フィードバックを含む前向きな助言をすることで、ポジティブな効果をもたらすことも多い。たとえば、部下が提出してきた企画書に対し、「このままでは説得力が弱いが、このように改善すればインパクトが増し、十分に会議にかけられる」といった助言は、否定が入りながらも建設的だといえる。肝心なのは、相手の人格など**業務に関係のない部分は尊重しつつ、作業自体の手順や考え方について評価する**ことを心がけることだ。間違っても、「君は大雑把だから、企画書の細部が甘くなる」などと人格に言及した否定をしてはいけない。

ちなみに「条件付きで否定する」ストロークは、建設的か、破壊的かというアプローチでさらに細分化することもできるが、表現のあり方によっては、建設的に話しているつもりなのに破壊的なストロークになってしまうので注意したい。

そして最後となる、部下を「無条件で否定する」ストロークだが、どのような部下であっても、マネジャーは無条件で否定してはいけない。たとえ至らないところが多い部下であっても、**感情的になったり否定の色合いが濃くなりすぎたりしないように気を配らないと、「無条件で否定する」ストロークになってしまう。**「無条件で否定する」ことは、社内いじめやパワハラと評価されても仕方がないアプローチだと心得るべきだ。

CHAPTER 3-06

どんな部下にも期待を向ける

本気の期待が人を育てるピグマリオン効果

期待をかけられると、それに応えるように努力をする

あなたは部下に期待しているだろうか。それとも諦めているだろうか。現実的には部下の資質にはバラツキがあって当然だが、どんな部下にも期待を寄せることは重要だ。そして、**その期待は本気でなければならない**。興味深い研究を紹介しよう。

この研究では、アメリカの小学校で児童を2つのグループに分け、それぞれの担任の先生に「将来的に成績アップが期待できる生徒を集めたクラスです」という情報と「普通の生徒たちです」という異なった情報を与えて、その後の成績の変化を調べている。実際には、両クラスは無作為に生徒を分けたものだったが、1年後、それぞれのクラスの成績を測定したところ、優秀な生徒を集めたとウソの情報を与えられたクラスのほうが、学力が向上しやすいことがわかった。これは教師が子どもたちに期待をかけることで、子どもは自分の能力に自信をもち、また期待に応えようと頑張るため、結果として成績があがったことを意味する。

この現象はピグマリオン効果と呼ばれ、人材育成の分野でも広く注目されている。

〈ピグマリオン効果〉

●期待をかけられるほど人は成長する

ピグマリオン効果の概要

来年小学生になる未就学児と、小学1年生から5年生までの生徒を無作為に2つのクラスに分けた

▼

担任の先生には、それぞれのクラスごとに、以下のような異なった情報が与えられた

クラスA
「将来的に成績の向上が期待できる生徒を集めたクラスです」と説明される

クラスB
「普通の生徒を集めたクラスです」と説明される

実際には成績は同じ

▼

クラスA：生徒は先生からの大きな期待を感じ、自信をもった。期待に応えようと努力もした

クラスB：生徒は特別な期待をかけられず、普通に学習をした

▼

1年後、両クラスの成績を比較したところ、期待をかけられたクラスのほうが成績が伸びやすい傾向があることがわかった

指導者の期待によって成績は上下する!

この研究とは別に、先生が生徒の能力を実際より低く見積もっている場合は、生徒の成績を低下させるという研究結果もある。

非言語的なコミュニケーションは否定的なメッセージが伝わりやすい

部下には期待をかけてあげなければいけない……とわかっていても、人は先入観や自ら立てた仮説に引っ張られてしまいがちだ。

たとえばある研究では、初対面の人物に対して「内向的である」という仮説を立てた場合、その人物を評価するときに、相手が内向的であることを裏付ける証拠ばかりを集めようとすることが判明している。また評価される側も、**相手が内向的であることを裏付けようとしていることを感じ取り、内向的な振る舞いをしやすくなる**傾向があることもわかっている。人は知らず知らずに、自分に期待されている役割を演じてしまうのだ。

78ページでもふれたが、人は言葉として発せられなかった非言語的なコミュニケーションからも、多くのことを感じ取る。また、やっかいなことに、非言語的なコミュニケーションでは、相手を肯定するメッセージよりも、否定するメッセージのほうが伝わりやすい場合が多い。実際、部下の能力が劣っていると感じていたら、その気持ちを自分の胸のうちにしまっているつもりでも、日常の態度からそれが漏れ出てしまうこともある。自分だけ無視される、あるいは密接にかかわろうとしてくれない。そんな態度は、部下にとって叱られるより辛いものだ。マネジャーから期待されず、無視された部下は、せめてこれ以上評価を落とさないようにと消極的になり、なかなか成長することができない……という悪循環にはまってしまう。まずはマネジャーのほうから、部下に期待する意識改革が必要なのだ。

相手の長所や強みを根拠に期待する

では、部下に対しどのように期待をかけ、それをあらわせばいいのだろうか。まずは自分自身が先入観や仮説に引っ張られやすいことを自覚し、それを打ち消すことが大前提になる。そして**「どんな部下にも期待をかける」ということを人材育成上のモットーとするべきだ**。この部下は絶対に育つ、無限の可能性を秘めている。肝心なのは、マネジャーが本心からそう信じ抜くことである。

部下が失敗すると、どうしても「あいつは不器用だからな」とか「まだあの仕事を任せるのは早かったな」などと相手のせいにしたり、失望してしまったりしがちである。しかし、そんな思考は言葉に出さずとも相手に伝わるもの。自分が本心から部下に期待していれば、「自分の教え方に問題があったのかもしれない」とか「フォローすれば達成できるはず」といった考え方になるはずだ。そうして心から期待をした上で、部下に適切な支援をすることが真の育成ではないだろうか。

期待するといっても、やみくもに「できる！」というのでは、部下に対しても自分に対しても説得力が薄いかもしれない。そんな場合は、部下の長所や強みに注目し、それを拠り所に期待をかけると無理がない。「お前にはこんな強みがあるのだから、そこを活かせばきっとできるはずだ」と明示してもいいだろう。ネガティブな要素より、ポジティブな要素に目を向けることで、自然と部下に期待をかけられるようになるはずだ。

CHAPTER 3-07

育成に必要な情報は自ら取りにいく

マネジャーがうろつき回る「MBWA」

デスクに座っていても情報は集まらない

日ごろから部下に「困ったことがあればなんでもいってこい」などと話しているマネジャーは多いと思うが、実際に「なんでもいってくる部下」というのは少ないのではないだろうか。「報・連・相」を徹底するようにうるさくいっていても、実際に相談にくるのは、いざトラブルが表面化してから……というパターンも珍しくない。**「部下に情報をもってこさせる」という発想がそもそも誤りで、情報は自ら取りにいかなくてはならない**のだ。

近年「MBWA(マネジメント・バイ・ワンダリング・アラウンド)」、つまり「うろつき回るマネジメント」という言葉が注目されているように、マネジャーはデスクで部下を待つのではなく、自ら部下たちのもとに足を運ぶ時代になってきている。たとえひとり一人の部下にじっくり向き合えなくても、軽く声を掛けて回るだけで現場の情報を相当拾うことができる。一日の間に何度かは部下のもとを歩き回る、というノルマを決めておいてもいいくらいだ。デスクに根を生やしているようなマネジャーのもとには、情報は決して集まらない。

〈情報は積極的に取りにいく〉

●上司自ら情報収集に動くメリットは多い

上司が部下の報告を待つ場合

・すぐに報告するべきことでも寝かされがち
・部下にとって都合のよい報告が増える
・上司が忙しそうにしていると遠慮する

上司が情報を取りにいく場合

・部下は気軽に「報・連・相」ができる
・部下の様子をつぶさに観察できる
・コミュニケーションの機会が増える

第3の手段として、上司が部下をデスクに呼び出すという方法もあるが、呼び出された部下は「何事だ」と身構えるため、自然なコミュニケーションをとるのは難しい。

●MBWA（うろつき回るマネジメント）を実践するには？

自分のデスクで「待つ」時間を極力減らす

午前に1回、午後に2回巡回するなどルールを決めておく

全員の話をじっくり聞けなくても、積極的に声をかける

MBWAを実践するには、マネジャー自らが意識して行動を変えていく必要がある。デスクに根が生えてしまわないように注意したい。

コンフリクトを解消する

シュミットのコンフリクト処理モデル

部下との「協力」によって衝突を解決する

人材育成の過程では、さまざまな葛藤や対立を経験することになる。たとえ上司と部下の関係であっても、表には出てこない衝突を感じることがあるはずだ。葛藤や対立、衝突といったコンフリクトは、人材育成のみならず、集団で仕事をする上では避けては通れない。ただ、コンフリクトは必ずしもネガティブな要素ではない。**コンフリクトを解消する過程で、部下が大きく成長したり、育成の課題が解決したりすることも多い**からだ。

左ページに挙げたシュミットによるコンフリクト処理モデルのように、コンフリクトを解消するにはさまざまなアプローチがある。その分類のカギとなるのが、「自己主張」と「他人の主張への理解」だ。詳しくは後述するが、望ましいのは「協力」によるコンフリクトの解消で、これは人材育成においても変わらない。部下と上司の関係では、どうしても部下の「自己主張」が低くなり、上司に対する「他人の主張への理解」が高くなりがちだが、これでは単なる押し付けになってしまうので注意したい。

〈シュミットのコンフリクト処理モデル〉

●「自己主張」と「他人の主張への理解」の二軸で評価する

「自己主張」と「他人の主張への理解」が強いか、弱いかで、「回避」「競争」「和解」「妥協」「協力」の5つの対応パターンに分類できる。

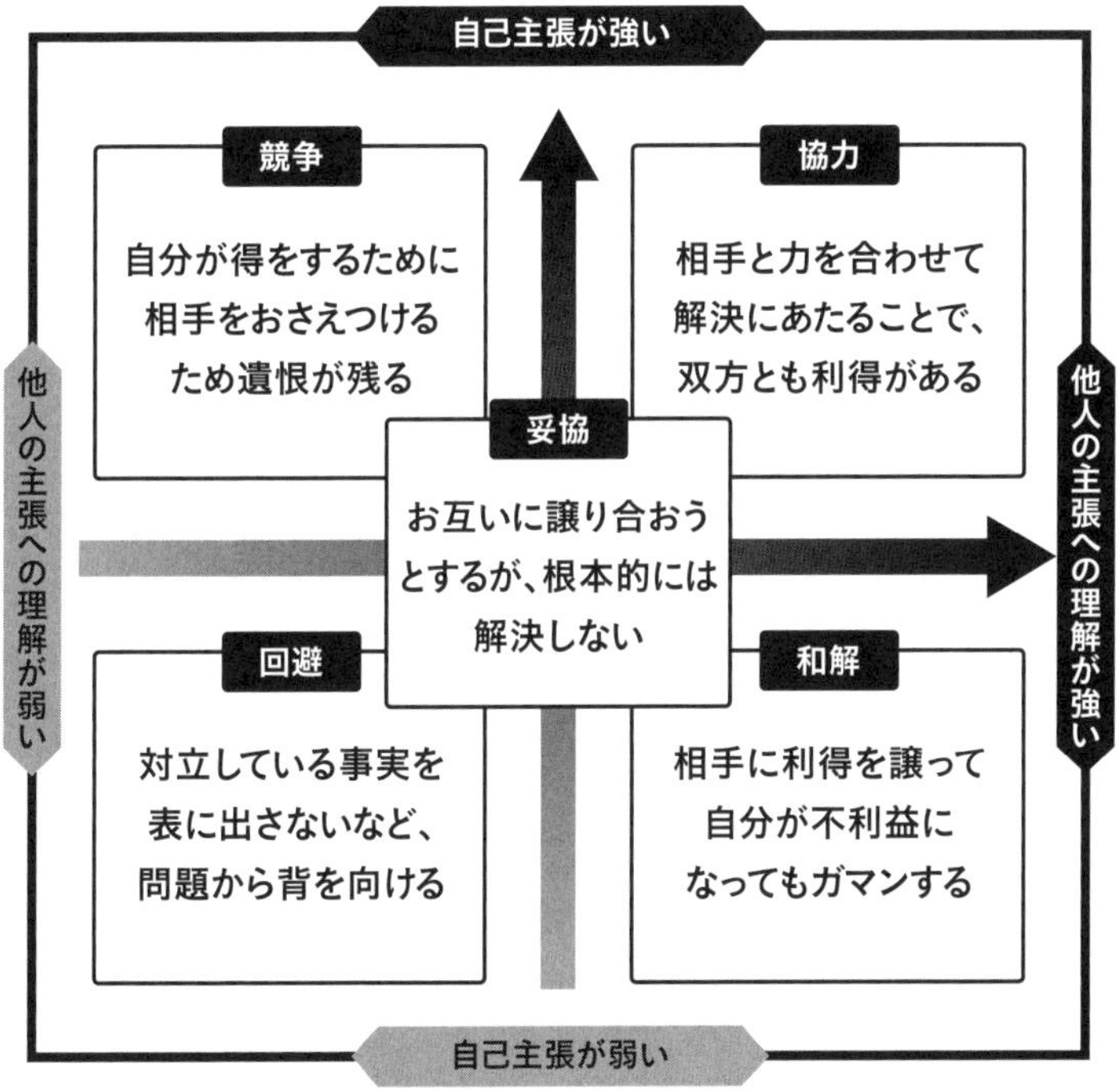

部下と上司の関係では、部下の「自己主張」が低くなり、上司に対する「他人の主張への理解」が高くなりやすい。

「回避」「競争」「和解」「妥協」「協力」の特徴

前項で紹介したシュミットのコンフリクト処理モデルを詳しく見ていこう。「自己主張」と「他人の主張への理解」の強弱によって分類される「回避」「競争」「和解」「妥協」「協力」の5つの対応パターンは、次のような特徴をもつ。

①回避……対立していることを表に出さないようにする。
②競争……自分の利得を優先し、相手をおさえつける。
③和解……自分の利得を諦めて、相手に利得を譲る。
④妥協……対立している人と譲り合えるポイントを探る。
⑤協力……対立している人と協力して問題の解決に取り組む。

「回避」「競争」「和解」「妥協」の4つの解決法では、**上司と部下のいずれか、あるいは双方に不満が残る結果になりやすい**。よい人材を育てるためには、マネジャーの働きかけも必要だが、育成される側の積極的な姿勢や協力する態度が不可欠だ。「協力」にまでもっていくには、日ごろから円滑なコミュニケーションをとり、よい関係性を築いていくことが大前提になる。その上で、**自分の考えや計画を相手に理解してもらい、また相手の状況や立場、考え方を理解しようとする姿勢をもたなければならない**。

ただ、状況によっては「協力」での対処が難しい場合もあり、ほかの4つの解消法も使い分けながら、最終的に「協力」を目指すということが現実的だろう。

コンフリクトは対人関係だけではなく、個人の内面にも発生する

シュミットのコンフリクト処理モデル以外にも、コンフリクト解消法にかんする研究は数多い。たとえば上司と部下のコンフリクト解消法を提示したバークの理論では、次の5つの解消法が挙げられている。

①対立しているどちらかが、自分の立場を撤回し、相手の立場を受け入れる。
②対立しているどちらかが、相手をなだめて関係を円滑にする。
③対立している双方が、折り合うポイントを探して妥協する。
④対立しているどちらかが、相手に自分の立場を受け入れるように強制する。
⑤対立している双方が、問題となっていることを直視し、解決策を探る。

上司の立場では、④のアプローチに留まっている場合が多いのではないだろうか。ただ、この理論でも最良のアプローチは⑤と考えられている。やはり**お互いに問題から逃げることなく直視し、協力して解決策を探っていく**ことが大事なのだ。

コンフリクトは個人と個人の間に生じるもの以外に、個人の内面に生じるものもある。たとえば2つの仕事を命じられて、両立するのが難しいときに生じる葛藤だ。また、上司の期待に応えたいが、能力や状況により、それがうまく達成できないようなときにも、心の内にコンフリクトが生じる。こういった内面的なコンフリクトは、マネジャーによる働きかけで解決できるものも少なくないことは覚えておくべきだ。

CHAPTER 3-09

部下の自発的な行動を引き出す

やらせるか委ねるか

相手や状況によっては「やらせる」アプローチも大事

部下にもっと自分で考えろ、自発的に動け……と口うるさくいっているマネジャーは多いだろう。ただ人間は自分がもっている思考の枠組みからはなかなか出られないものだし、自発的に動いた結果、大変な事態を招くこともある。部下に委ねることは大切だが、マネジャーは「具体的な指示」と「自発的な行動を引き出す働きかけ」を使い分ける必要がある。

具体的な指示といっても、日常の細かなことを指示するわけではない。たとえば相手が思考の枠組みにとらわれている場合に、枠の外に引っぱり出すような指示を与えるわけだ。その際、相手に対して「お前ならできる！」と期待を込めたり、なかなか枠から出られない相手に対しては、何度でも指示を出したりする姿勢が大事だ。これは**相手が尻込みしていても「やらせる」アプローチとなる**。いっぽう、自発的な行動を引き出す働きかけについては、**「やる、やらない」ということから相手に委ねる「提案」という形をとる**。やると決めたら、やり方も相手に考えさせるなど、マネジャーは黒子に徹することで自発性を引き出すことができる。

〈状況によってアプローチを変える〉

●「具体的な指示」と「自発的な行動を引き出す働きかけ」

具体的に指示を出す場合

〈利用シーン〉

・相手が仕事に慣れていないとき
・相手にハードルの高い仕事をさせるとき
・相手が仕事に積極的ではないとき

〈注意点〉

・指示は端的に、シンプルに出す
・うまくいかないときは、繰り返し指示を出す
・相手が尻込みをしても背中を押してやらせる

具体的な指示ばかりでは自発性を引き出すことは難しいが、部下に枠を越えさせたいときや難度の高い仕事をやらせるときには、マネジャーの積極的な介入も必要になる。

マネジャーは相手や状況に応じて使い分ける

自発的な行動を引き出す場合

相手に考えさせる、委ねるといったアプローチは、自発性を引き出すのに役立つ。やるか、やらないかも含めて相手に考えさせることで、「やる」となったときの責任感も強化される。

〈利用シーン〉

・新たな視点を相手にもたらしたいとき
・相手の思考力、判断力を養いたいとき
・相手の責任感を高めたいとき

〈注意点〉

・やる、やらないも含めて判断を相手に委ねる
・相手にやり抜く力があるかを見極める
・マネジャーは深く介入しないが支援はする

マネジャーが自発性を奪っていないか

では、自発的な行動を引き出すためには、どんな手段が考えられるだろうか。たとえば部下に質問をされたときに、「こうしろ」「こちらのほうがいいと思う」といったふうにマネジャーが簡単に答えてしまっていては、部下から考える機会を奪ってしまう。「君はどう思う?」「AとBの2通りの方法があるが、君が選んでいい」といった具合に、**相手に考えさせたり、選ばせたりする機会を増やしていく**ことが有効だ。

また、部下のなかには考える力も実行するスキルも備わっているのに、自発的な行動に移せないケースが少なくない。そういった場合は具体的な指示を出すのもひとつの方法だが、マネジャー自らが自発的な行動を起こしにくい雰囲気をつくり出していないか、我が身を振り返ってみる必要がある。たとえば部下が自発的な行動を起こして失敗したときに、過剰に叱責してはいないだろうか。あるいは、管理志向が強すぎるマネジャーは、部下の一挙手一投足に口を出し、結果として自発性を奪ってしまいやすい傾向にある。そういった状況下で、部下に自発的に行動しろといっても、「どうせ叱られるだけだ」「黙っていうことを聞いておいたほうがトクだ」といった消極的な反応しか返ってこないだろう。

もちろん、自発的な行動のすべてを褒めるわけにもいかないのが現実だが、**部下が自分で考えて行動したことに対して一定の評価をするように心がければ、必ず反応も変わってくる**はずだ。

CHAPTER 4

日々の業務のなかでいかに育てるか

CHAPTER 4-01

コーチングの基本をおさえる

部下を信じることが大前提

人間関係がすべての土台になる

近年は企業の人材育成のなかでも、コーチングを取り入れるケースが増えている。コーチというと手取り足取り部下に教えるようなイメージをもつ人もいるかもしれないが、その本質は部下の力を引き出すことにある。人材育成においては部下の資質ばかりが注目されがちだが、マネジャーの姿勢が成否を左右することが多い。むしろコーチングでは、**人間は誰でも自力で回答に辿り着く力をもっていて、無限の可能性を秘めていると捉えられる。**つまりコーチ役となるマネジャーが、部下をいかに信じるかということが重要になり、このエッセンスは人材育成全般にかかわってくることだ。コーチングだけで人材育成のすべてがカバーできるわけではないが、こういった基本的な考え方は胸に留めておきたい。

そしてコーチングを成功させる大前提は、コーチ役となるマネジャーと部下の間に、信頼関係が結べているということだ。コーチングは人間関係を強化する役割もあるが、そもそも人間関係が希薄な間柄では成立しないのである。

〈人材育成にコーチングを取り入れる〉

●基本的な理念は人材育成全般に通ずる

コーチングは万能ではないが、日常の業務のなかで部下を育てていく上で大事にしたいエッセンスがたくさん詰まっている。

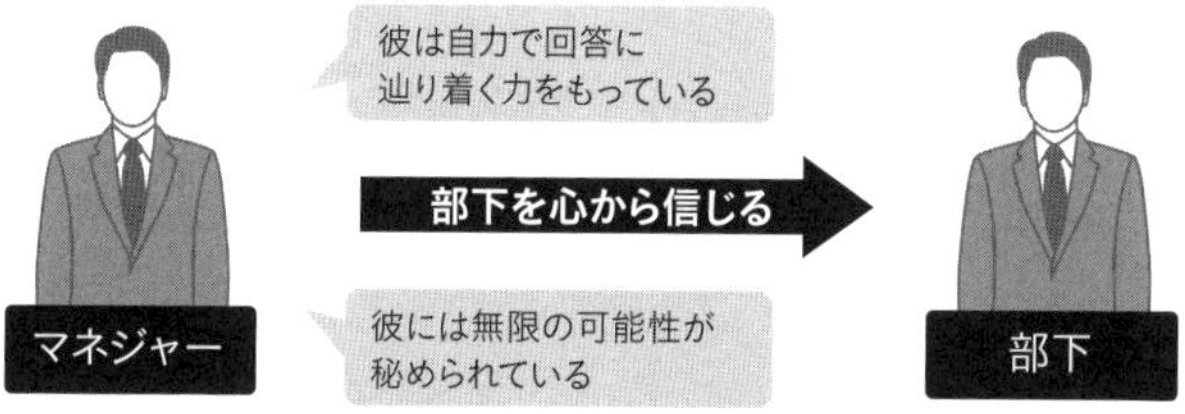
彼は自力で回答に
辿り着く力をもっている
部下を心から信じる
彼には無限の可能性が
秘められている
マネジャー
部下

●コーチングの知識や技法はさまざまなシーンで役立つ

傾聴

相手の話に耳を傾けることを通じて、本音を引き出したり、考えを深めさせたりする

承認

相手の資質を認めたり、仕事に対する成果を褒めたりすることで、関係を深めていく

フィードバック

相手がいまどんな状況にあるか、客観的、あるいは第三者的な視点で事実を伝える

質問

相手への問いかけを通じて、考えることを促進させたり、思考に必要な材料を提供したりする

▼

人材育成のさまざまなシーンで活用できる

「傾聴」と「承認」の基本

コーチングの理論は多岐に及び、また紹介者によって詳細が異なることも少なくない。詳しくは専門書に譲るが、ここではコーチングの基本的な理論や技法についていくつか紹介していく。

コーチングの解説書を見ていると、「傾聴」「承認」「フィードバック」「質問」という項目は必ず並んでいる。「傾聴」は、相手の本音を引き出したり、相手の考え方を深めたりするときに役立つ。74ページで紹介した「聴くスキル」と共通する部分も多く、**「きちんとあなたの話を聴いている」「あなたのことに関心をもっている」という姿勢を示す**ことがカギとなる。また、コーチングでは相手のペースに合わせることを大切にしているが、たとえば部下がゆっくり話したり、なかなか言葉が出てこなかったりするタイプだと、話を聴く側もそれにあわせて、ゆったり振る舞うようにしたい。時間を気にしたり、話を急かしたりすることを避けるためにも、落ち着いて話ができる環境を用意したい。

次に「承認」だが、これは部下の資質や仕事に対する姿勢、成果などを認めたり、存在そのものを認めたりすることを指す。本書でも折にふれて承認に近い概念を紹介してきたが、**その本質にあるのは、心から相手を認めるということだ。**「承認のスキル」などというと技術的なことばかりに意識が向いてしまうが、うわべだけの対応では部下に見破られてしまうだろう。

「フィードバック」と「質問」の基本

次の「フィードバック」はビジネスの日常的なシーンでもよく使われる言葉だが、単なる批判に終わってしまうなど、誤った使い方をされているケースも少なくない。フィードバックの本質は**「相手がどのような状況にあるか」ということを客観的、あるいは第三者的な視点から伝える**ことにある。

フィードバックにはさまざまな技法があるが、わかりやすいのがYOUメッセージとIメッセージの使い分けだ。YOUメッセージは客観的な事実を伝えるもので、Iメッセージは自分が感じた主観的な事実を伝えるメッセージだ。たとえば仕事で成果をあげた部下に対してフィードバックするときは、YOUメッセージなら「君、よく頑張ったな」となり、Iメッセージなら「成果が出て僕も嬉しいよ」といったふうになる。部下と上司の関係だとYOUメッセージばかりになりがちだが、Iメッセージでのフィードバックも忘れないようにしたい。

最後に「質問」だが、これは相手が考えることを促進したり、考えるための材料を提供することを指す。77ページで紹介した閉ざされた質問、開かれた質問のうち、開かれた質問はコーチングでもよく使われる。意識したいのは、**相手に新しい視点をもたらしたり、考え方の幅を広げたりするような質問**だ。詰問口調になったり、上司が結論めいたことを先に話したりするのではなく、相手が自ら「気づき」に出会えるような質問を心がけてほしい。

CHAPTER 4-02

戦略的なOJTを実行する

人材育成の柱をつくる

余裕がないからこそOJTにはこだわる

日々の業務のなかで人材を育てる際の柱になるのがOJT(オン・ザ・ジョブ・トレーニング)だ。マネジャーの多くは自身もOJTによって育てられたと思うが、四段階職業指導法にある「①やってみせる(show)」「②説明する(tell)」「③やらせてみる(do)」「④補修指導(check)」といった比較的丁寧な教え方から、とりあえず実戦に放り込んで、先輩の背中を追うことで仕事を覚えさせる……という方法まで、その進めかたはさまざまだ。OJTといっても、システム化されたものはむしろ少なく、現場の上司や先輩が自己流でノウハウを伝授するインフォーマルなものが多いのが実情だ。

近年は組織のフラット化が進み、マネジャーの負担も増えているため、懇切丁寧なOJTが難しくなってきている職場もあるだろう。だからといってOJTをないがしろにしていては、その企業に未来はない。むしろ、**余裕がないからこそ、OJTは戦略的に実施し、着実かつ効率的に人材を育てていくべきだ。**

〈OJTは戦略的に実施する〉

●戦略的OJTの流れ

部下を適当な仕事に放り込むのではなく、部下を成長させるのにふさわしい課題を用意することが大切。

1. 育成対象者のレベルを見極める
2. 育成対象者のレベルに応じて、OJTの対象業務を選ぶ
3. OJTにおいて、どのような指導をおこなうかを決定する
4. OJTを実施する
5. OJTの効果を測定するなど、振り返りをおこなう
6. 測定結果などをもとに、次のOJTを計画する

Ex OJTでは埋められない要素はOFF-JTを実施する

OJTだけではなく、OFF-JTもうまく組み合わせることで、人材育成はより効果的に機能する。

手順だけではなくゴールも明確にする

忙しいマネジャーのなかには、正直「ＯＪＴどころじゃない」という人もいるかもしれない。しかし、ＯＪＴは部下の育成以外にも、部下との間のコミュニケーションが強化されたり、教えることを通じてマネジャー自身に新たな気づきをもたらしたりと、教える側にとってもメリットが大きい。また、マネジャー以外の部下が新人の指導に当たるような場合でも、教えることは自らの振り返りに直結するため、双方ともに成長することも少なくない。

ＯＪＴの効果を高めるには、いくつかの注意点がある。たとえば**このＯＪＴはなんのためにやっているのか、到達目標はどこにあるのか、ということは事前に明らかにしておきたい。**実際、「ｓｈｏｗ↓ｔｅｌｌ↓ｄｏ↓ｃｈｅｃｋ」の四段階職業指導法など、ＯＪＴのプロセスが根づいていても、なぜこれが必要なのかという説明がされていないケースは少なくない。実践的な知識や技術を身につけることにとらわれ、その本質にあるものを見逃さないようにしたい。

また、自分以外のメンバーに指導を担当させる場合は、ＯＪＴは仕事に対してポジティブな面が受け継がれるいっぽうで、ネガティブな面が伝染する可能性もあることは頭に入れておきたい。つまり、**指導担当者の長所も短所も、ＯＪＴの対象者に伝わってしまう可能性があるということだ。**実際に業務を遂行する能力だけではなく、指導力やコミュニケーション能力、仕事に対する意識、あるいは人間性などにも注意を払って指導担当者を選びたい。

人数が絞られることをメリットと受け止める

ＯＪＴは研修などの集合教育とは異なり、個々人に合わせた能力開発ができるという強みがある。**小人数にしか教えられないということをデメリットと捉えるのではなく、個性や能力に鑑みて教えられるメリットと捉えるべきだ。**

このメリットを活かすためには、形式にばかりとらわれていてはいけない。伝統的なＯＪＴの場合は手順が細かく決められていたり、独特な流儀があったりする場合もあるが、個性や能力によって柔軟に対処する姿勢はもっておきたい。そのためには、個々人の個性や能力をきちんと把握しておく必要がある。戦略的ＯＪＴは、部下を成長させるのにふさわしい課題を用意することがキモだが、日常の業務において、そんなに都合よく最適な仕事が降ってくることは少ない。日ごろから部下の成長具合をチェックしておき、最適な仕事が見つかれば、すかさずＯＪＴを実施できるように準備しておきたいものだ。

そして最後に、ＯＪＴは実践的な知識や技術を効率的に会得できる場ではあるが、万能ではないことを忘れてはいけない。先にも述べたように、ＯＪＴにもデメリットはあるため、ほかの手段で埋め合わせることも必要だ。とりわけ、研修をはじめとしたＯＦＦ－ＪＴ（オフ・ザ・ジョブ・トレーニング）は、ＯＪＴでは習得できない知識や技術を身につけるために有効である。

CHAPTER 4-03

ＯＪＴにＯＦＦ－ＪＴを組み合わせる

実務だけでは学べないことを補完する

ＯＪＴにはないメリットも多い

日々の業務の流れからは少し離れるかもしれないが、ＯＪＴと組み合わせて実施するＯＦＦ－ＪＴについても少し説明をしておきたい。ＯＦＦ－ＪＴとは、研修や講習、eラーニングといった座学を中心とした育成の機会である。**ＯＦＦ－ＪＴはＯＪＴで得た知識や技術を振り返る機会にもなり、またＯＪＴでは学べない要素を補完する役割ももっている。**

ＯＪＴとＯＦＦ－ＪＴは相互に運用すると効果が高まるが、比率としてはＯＪＴのほうが圧倒的に多く、ＯＦＦ－ＪＴを実施していない企業も珍しくない。しかし、ＯＦＦ－ＪＴはＯＪＴにはないメリットがあり、たとえば研修の場合、同じレベルの従業員を集めて仕事に必要な知識や技術を効率的に教えることができる。また、自社にノウハウがあっても、それを教えられる人材が乏しい場合は、代表として社内から選りすぐった熟練者を講師に据え、全体のレベルを引き上げることもできる。インフォーマルに実施することは難しいが、マネジャー自らが動いて、効果的なＯＦＦ－ＪＴの仕組みをつくりあげたい。

〈OFF-JTは、OJTの振り返りや補完に効果的〉

●OFF-JTとOJTは相互に作用させる

OFF-JTは単独で実施するのではなく、OJTと組み合わせて、相互に効果を高めるように企画する。

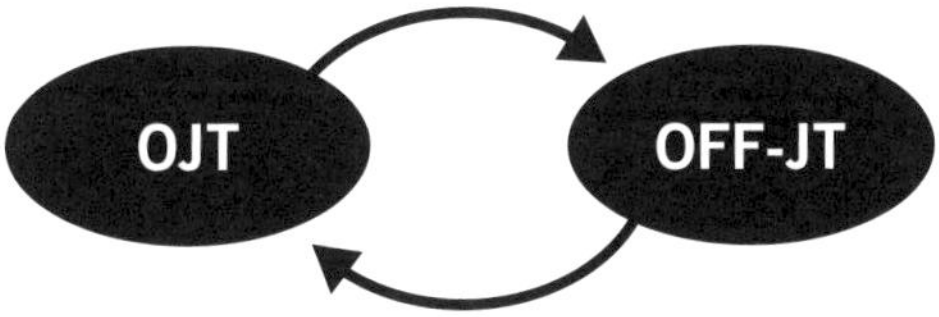

OFF－JTの流れ

1. OJTの内容や結果も踏まえて、OFF-JTのテーマを設定する
2. OJTと連動するようにOFF-JTのスケジュールを立てる
3. 社内の熟練者から講師を立てたり、社外から招いたりする
4. OFF-JTの実施
5. 効果を測定し、次回のOFF-JTやOJTにつなげる

OFF-JTは、業務に必要な知識や技術を体系立てて学ぶことができるが、OJTの振り返りの場としても機能する。

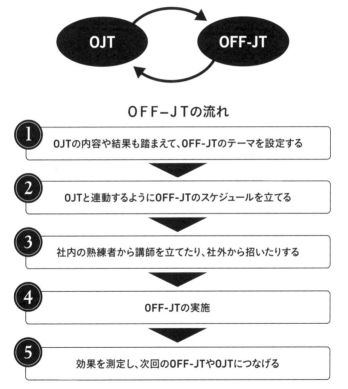

CHAPTER 4-04

人材育成にメンタリングを取り入れる

メンターとプロテジェの関係をおさえる

インフォーマルなメンタリングも効果は高い

経験の浅い部下に対して効果を発揮するのがメンタリングだ。メンタリングは、組織として公式にメンター制度を用いる場合と、インフォーマルで自然発生的に生じるメンタリングがある。通常、メンタリングは社内でもある程度経験があり、知識や技術、あるいは影響力をもっている人が「メンター」となり、経験の浅い若手社員や新入社員が援助の受け手を意味する「プロテジェ（メンティ）」になる。

メンターは直属の上司や同じ部署の先輩が担う場合も多いが、メンター制度がフォーマルか、インフォーマルかによって、ずいぶん関係性が異なってくる。フォーマルな場合は、どのプロテジェにも公平にメンターがつき、またメンターに選ばれる社員も吟味されていることから、援助の質にも一定の信頼がおける。いっぽう、インフォーマルな場合は、自然発生的であるため必ずしも理想的なメンターがつくわけではないが、**価値観や性格的な相性はマッチしやすく、公式の場合よりも高い効果が期待できることも多い。**

〈メンタリングの概要〉

●メンター制度にはフォーマル/インフォーマルがある

経験の浅い部下や新人に対しては、メンターの存在が大きな助けになるが、公式にはメンター制度を採用していない職場も多い。

公式なメンター	非公式なメンター
社内の制度によって、メンターとプロテジェがマッチングされる	上司と部下、先輩と後輩といった関係で自然発生的にメンタリング関係が生まれる

●メンタリングのメリット・デメリット

フォーマル/インフォーマルとも、メンタリングは人材育成に寄与するが、それぞれメリット、デメリットがある。

	公式なメンタリング	非公式なメンタリング
メリット	・すべてのプロテジェにメンターがつく ・技術、知識量が担保されている ・必要に応じてメンターにも教育がなされる	・価値観や性格的な相性はよくなりやすい ・公式ではないため、心理的な負担は少ない ・同時に複数のメンターをもつことも可能
デメリット	・価値観や性格的な相性は担保されない ・制度を運営するためのコストがかかる	・メンターが見つからないプロテジェもいる ・必ずしも望ましくないメンターもいる

メンターになることで責任感が芽生える

インフォーマルなメンタリングでは、メンター、プロテジェといった役割を明確に意識していなくても、いっぽうが援助を与え、いっぽうが援助を受けるという関係が日常的に継続していく。大学が同じだったり、出身地が同じだったりすることがきっかけでメンターとプロテジェの関係になることもあるが、もう少しゆるやかに「なんとなく気が合うから」という理由でメンタリングが成立することも多い。

社内にメンター制度がなくてもマネジャーの差配により、入社からある程度経験を積み知識と技量を身につけた社員がメンターに指名され新人の支援をおこなう場合も少なくない。マネジャー自らメンターを担うことも悪くはないが、メンターたる資質がある人材には、積極的にメンタリングに参加させれば、人材育成の負担が多少は軽くなるだろう。また、日ごろは自分から積極的に指導しないような中堅社員でも、メンターに指名されることで責任感が芽生え、親身になった指導をおこなうようになるケースも珍しくない。**メンターとなることで一皮むける部下も多いのだ。**

また、メンタリングは仕事にかんする知識や技量だけではなく、ビジネス上のマナーや会社・部署の流儀などについても、メンターからプロテジェに受け継がれるというメリットがある。さらにメンタリングは人間関係を深めることにも寄与し、他の世代との交流の架け橋になることも少なくない。

教える側のメリットも多い

メンタリングはプロテジェだけが一方的にメリットを受けるわけではない。たとえ入社2年目の若手社員を新入社員のメンターにつけたとしても、なにも知らない新人に教えるということを通して、自らが1年間やってきたことの振り返りになるだろう。まだ教える立場を経験していない若手社員にとって、指導力についての知識や技量を深めるいい機会になるはずだ。また、人を助けること自体が、助ける側の満足感を呼び起こしたり、自信を高めたりすることにもつながる。

いっぽうで、メンターとなることには相応の負担も生じる。メンターを経験したことがある人ならわかると思うが、後輩の指導で自分の仕事の時間が圧迫されることも少なくない。**マネジャーはメンターのそういった部分にも配慮し、指導を担う社員のパフォーマンスが多少落ちても、自分の仕事をおろそかにしているなどと決めつけないようにしたい。**場合によっては、メンターを複数人で分担させることも視野に入れるべきだろう。

また、すべてのメンターがプロテジェの資質を高めるわけではなく、プロテジェにとってマイナスとなる影響をもたらす場合も少なからずある。とくにプロテジェが新人だった場合は、経験の浅いうちに身に付いた悪い癖は、なかなか払拭できないことが多いため注意したい。メンターを任命するマネジャーは、事前にメンターの資質について深く検討するとともに、実際のメンタリングの様子をつぶさに観察することが大切だ。

CHAPTER 4-05

人材育成の目標を設定する

部下を巻き込むことが大事

部下の目標を整理するのもマネジャーの仕事

人材を育成する際に目標をいかに設定するかは、成長スピードに直結する要素だ。たとえばマネジャーが自分の部署で売上目標を立てるときも、自分の独断で決めるのではなく、部下をどう育てるかということを考慮に入れておきたい。たとえば、部下自身の目標や方針もしっかりヒアリングした上で、部署全体の目標とすり合わせていくといった作業をおこなう。肝心なのは、**目標を立てるときに、部下も巻き込んでいく**ということで、部下との間で合意をとり、納得させることで、目標達成への連帯意識が醸成されていく。

また、目標を立てるときは、それをわかりやすく、かつ実現可能であるように部下に示さなければならない。「とにかくやれ！」というのではなく、仕事の目的や意図をきちんと共有し、また高すぎる目標はスモールゴールを設定したり、現実的な手段に落とし込んだりするなど、部下のやる気を高めるアプローチも必要だろう。マネジャー次第で、目標は足かせにもなり、部下の成長を加速させるブースターにもなるのだ。

〈目標設定の注意点〉

●目標は押し付けるのではなく共有する

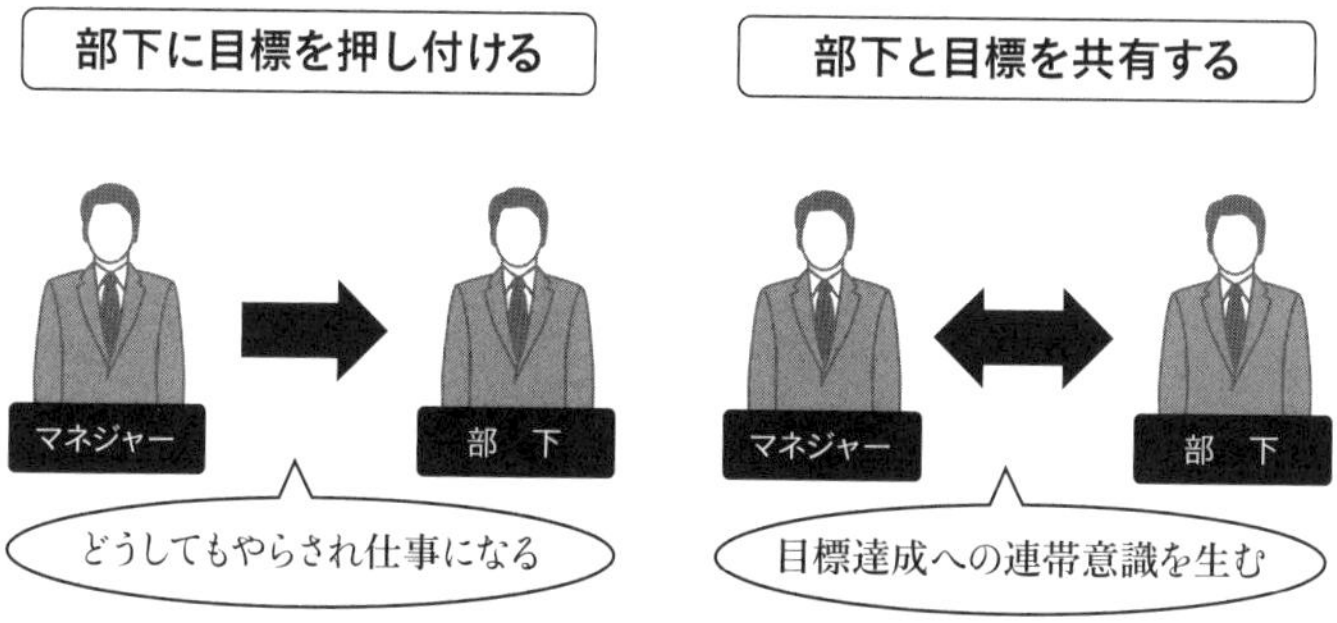

●目標の示し方にも気を配る

部下が目標を高いと感じるときは、目標の見せ方を変えたり、目標達成のヒントを与えたりする。

目標が大きいと感じる場合

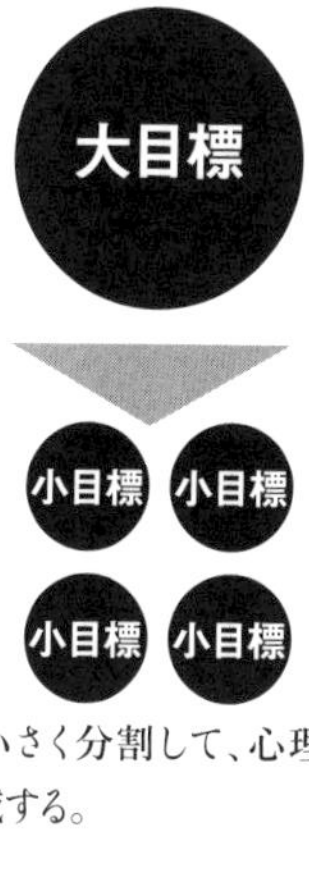

目標を小さく分割して、心理的な負担を軽減する。

目標の達成法がわからない場合

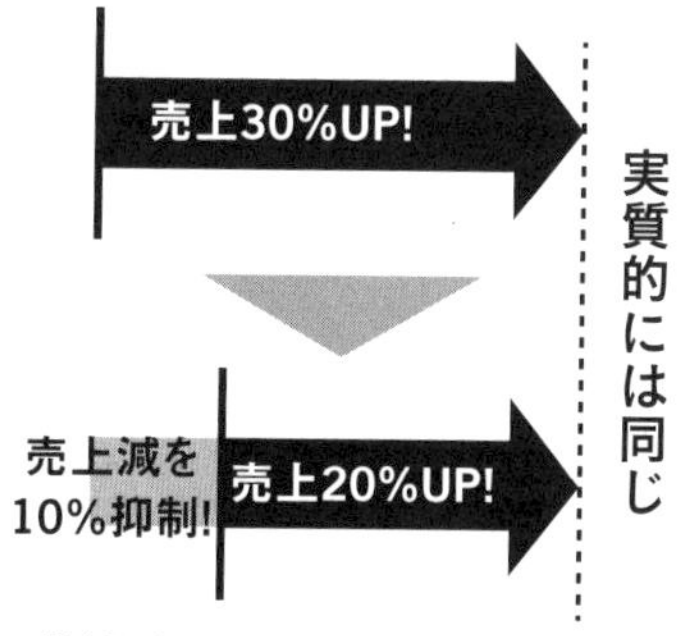

「新規売上の獲得が厳しければ、売上減を抑制する方法もある」といった目標達成のヒントを与える。

目標をどう表現するかで心理的なハードルが変わる

本質的には同じ目標を示していても、表現の仕方などによって、部下の印象はまったく異なったものになる。

たとえば、部下に高い目標を課したときに、上司としては実現できると思っていても、部下によっては「高すぎる」と感じる場合もある。半年後までに3000万円の売上目標を立てる……という目標ならば、細分化して「毎月500万円を目標とする」と表現を変えるなど、とにかく**部下に「これなら実現できそうだ」と思わせることが大事だ**。また、目標には長期的、中期的、短期的とスパンが異なるものがあるが、長期的な目標を立てたときも、それを短期的に分割するという発想をもっていれば、さまざまな切り口で目標を提示できる。

目標を達成するためのヒントを与えるのも効果的だ。たとえば、売上をいまより30%アップさせるという目標を立てたときに、部下に「30%は厳しい」といわれたらどうすればいいだろう。「甘ったれるな!」と叱りつけるのは簡単だが、それだと新しい発想は開けてこない。では、こう考えてはどうか。営業の仕事では、新規取引の獲得もあれば、取引が終わってしまうこともある。しかし、この取引終了による売上減を10%減らすことができれば、新規の売上増は20%でも帳尻を合わせることができる。部下には既存の取引先のフォローもしっかりやるなど、単に売上を伸ばすだけではなく、売上減をおさえることも同時に視野に入れるように指示すれば、目標達成が現実味を帯びてくるだろう。

部下の将来像を描いて目標を立てる

最後に、目標を立て、それを部下に示すときに重要なことをまとめてみよう。

まず、目標が具体的かどうか、目標を数値的にあらわしているかどうか、ということだ。単に「営業先を増やせ」というのではなく、「営業先を○件増やす」、さらに「営業先を○件増やすために、アポイントの電話を1日に○件かける」といった数値的な表現をすれば、具体性を帯びやすいだろう。

また、目標には期限がつきものだが、とくに結果が出やすい目標には、細かく締め切りを設定することが効果的だ。「月末までに100件のアポイント」では後回しにされてしまいがちだが、「毎週25件のアポイント」なら早めに手を付けざるを得ず、また心理的な負担も軽減される。

ただ、いくら目標の見せ方を工夫しても、**そもそも意味のない目標を課していてはやる気は高まらない**。大切なのは、部下のどんな能力を高めたいかという目的を明らかにすることである。ただなんとなくビジネスパーソンとして一人前になってほしい、営業面で部署に貢献してほしい、などと思うだけでは不十分だ。たとえば頼りにしている部下に対し、「自分が出張したときに、マネジャーの業務を代わりにできるようになってほしい」という確たる目的を定めておけば、権限委譲も必要になるレベルの高い仕事を任せ、また外部との会議も単独で参加させるなど、それに応じた目標を立てることができるだろう。

CHAPTER 4-06

ストレッチ目標を活用する

簡単すぎる目標ではやる気が出ない

成功率は半々がもっとも燃える

目標に対し、部下に現実味をもたせることは大事だが、ときにはあえて高い目標を課すことも必要だ。背伸びしないと達成できない目標のことを「ストレッチ目標」というが、適度な目標よりも少し高い位置に目標を定めることで、育成の効果が大きく伸びる。

肝心なのは、背伸びをすればなんとか達成できそうなレベルの目標を設定することだ。**高すぎてジャンプしても絶対に届かないような目標に、前向きに取り組める人はいない**。マクレランドとアトキンソンの研究によると、成功する見込みは50％程度が、もっとも動機付けが強くなるという。興味深いのは成功する見込みが０％に近づいても、１００％に近づいても、動機付けは弱くなる傾向があることだ。つまり部下の主観として、半々くらいの確率で達成できる目標が、一番「燃える」ということになる。

もちろん、実際のビジネスでは成功率が50％ではまずいシーンも出てくるため、部下の主観はさておき、マネジャーが陰ながら１００％に近づけるフォローも必要だろう。

〈人材育成にストレッチ目標を取り入れる〉

●成功率は低すぎても高すぎても動機付けが弱くなる

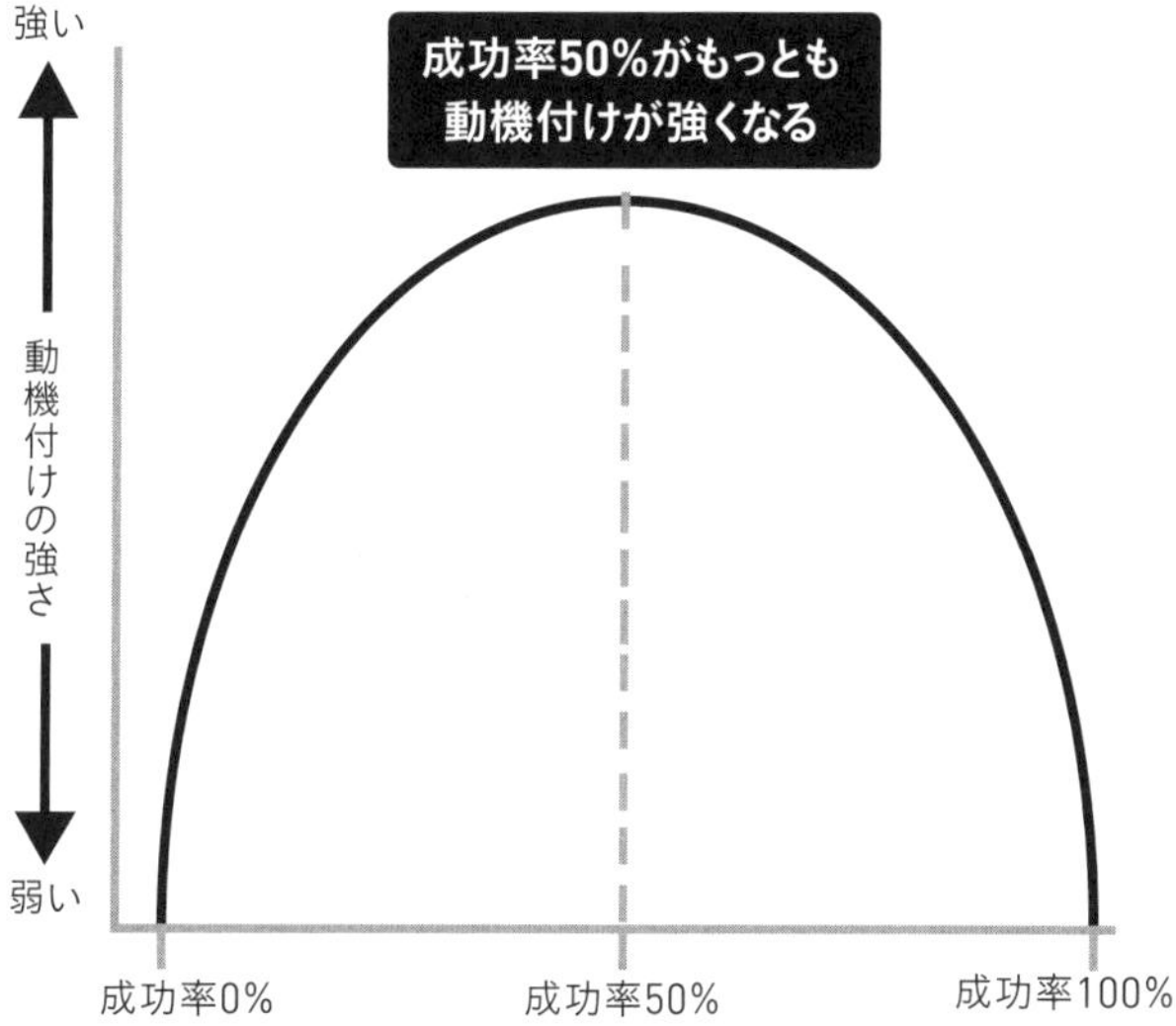

●ストレッチ目標の成功率を高める要素

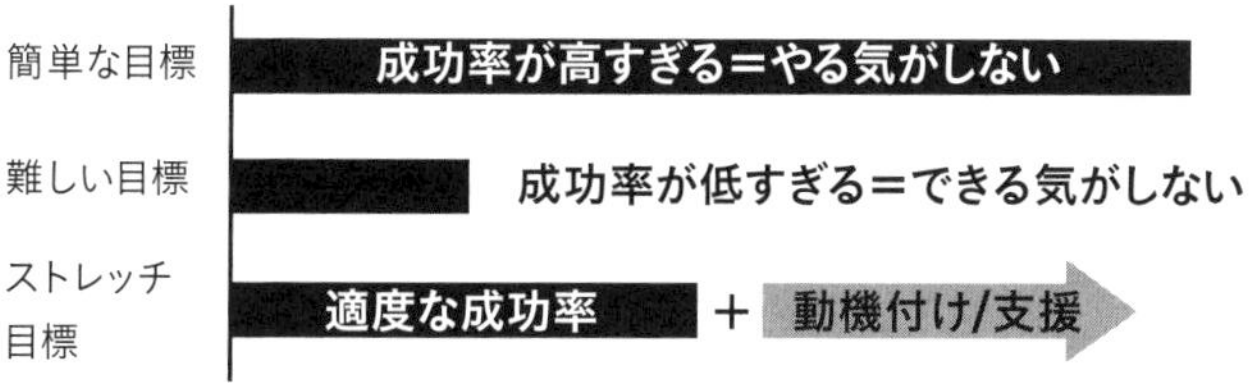

動機付けの強さやマネジャーの支援で成功率を高めることもできる！

CHAPTER 4-07

部下への指示はわかりやすく伝える

余計な迷いを生じさせない指示のコツ

マネジャーの説明不足が成長の足かせになる

あなたは部下に、どのような指示を出しているだろうか。曖昧な指示は、人材育成のブレーキになることも多い。**指示がわかりにくいがために、部下が余計な労力を使うことになり、成長への意欲が損なわれる**こともあるはずだ。とくに若い人材に対しては、シンプルでわかりやすい指示や丁寧な説明が必要だ。一度にいくつも指示を出すのではなく、ひとつに絞って話す。ひとつの指示でもそれを完了するまでの手順が複雑ならば、ふたつに分けてひとつずつ出す、といった心遣いがあってこそ、部下は目の前の業務に集中できる。

また指示を出すときは、その目的も説明することで、より部下の理解は深まる。たとえば部下にリサーチをさせるときも、「肩こりの解消法について調べろ」ではなく、「次の敬老イベントで配るパンフレットに必要だから、肩こりの解消法についてリサーチしてほしい」と目的を伝え、「お年寄りが多いから、グラフなどわかりやすいデータがあったほうがいい」と細やかに指示することで、部下はより業務に集中でき、精度も高まるはずだ。

〈部下への指示は「わかりやすく」が基本〉

●わかりにくい指示は部下から成長意欲を奪う

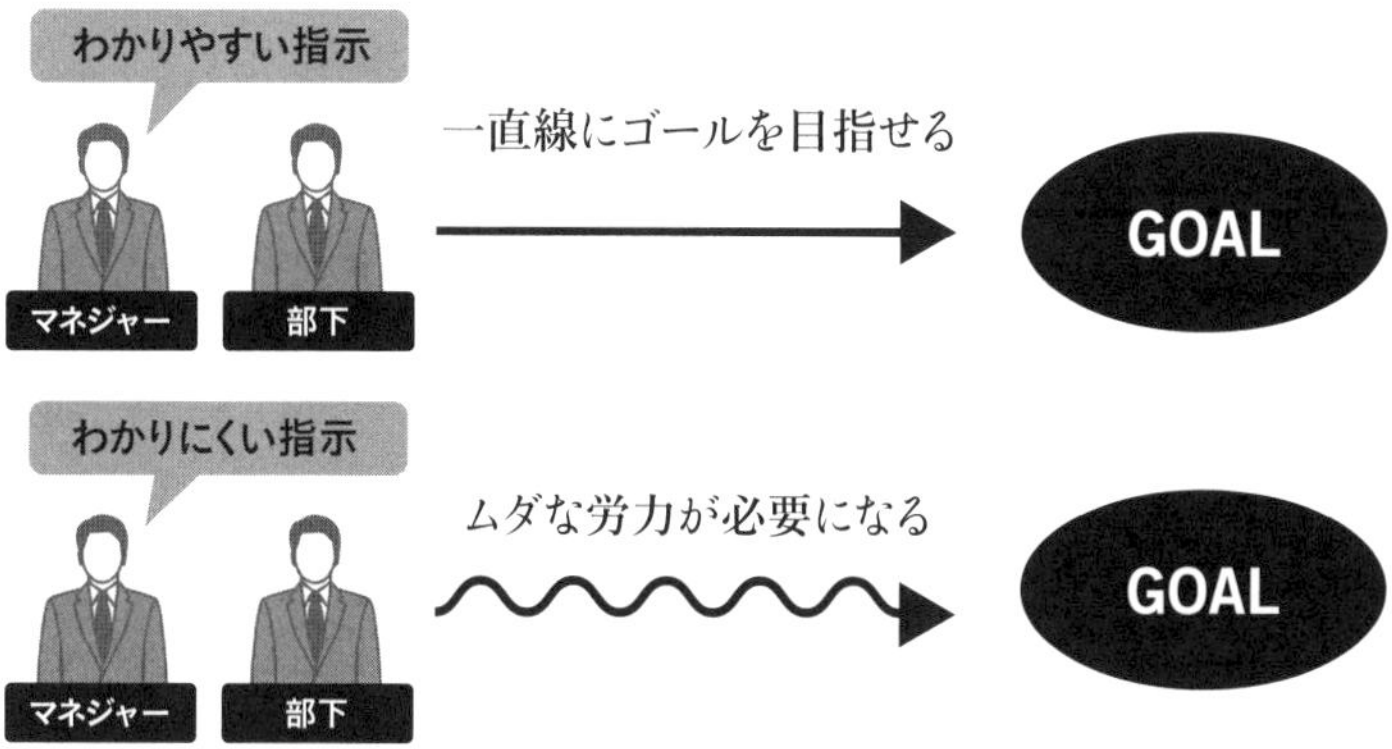

●成長を促す指示のポイント

たくさん指示を出さない

一度にたくさんの指示を出してしまいがちだが、ひとつかふたつ程度に絞って伝える

複雑な指示は分割する

複雑な指示は一度に伝えない。キリのよいところで分割して伝え、順番にクリアさせていく

書面も活用する

口頭だけではなく、メモなど書面でも伝える。複雑な事柄については図なども交える

目的を伝える

どのような目的があってその指示を出したのかを明らかにすることで、理解が立体的になる

CHAPTER 4-08

権限を委譲して育成の壁を破る

能力に見合った権限を与えるポイント

決定権をもつことで責任感も芽生える

人材育成のステージのなかでも、大きな成長を引き出すのが権限委譲だ。とくに、育成の過程で壁にぶつかっているような部下に権限委譲をすると、突破口になる可能性もある。たとえば意欲的で能力も備わっているメンバーに、いつまでも同じ枠内の仕事ばかりやらせていては、せっかくの意欲を損なわせる場合もある。そのときの実力に見合った権限を与えることで、その能力を十分に発揮でき、意欲もますます旺盛になるだろう。また、能力はあるが意欲や自信が乏しい部下にも、権限を委譲することでポジティブな効果が生まれることが期待できる。**自分自身が決定権をもち、それを行使することで、仕事に対する責任感が増し、意欲や自信も増幅される**ことは少なくない。

大切なのは、権限に見合った能力があるか、ということをいかに見極めるかだ。能力以上の権限は逆効果になる。また、中途半端な権限委譲も問題がある。範囲や期限が明確でない権限は、かえって部下の仕事の足かせになることもあるだろう。

〈権限委譲のポイント〉

●権限委譲が効果的に働くケース

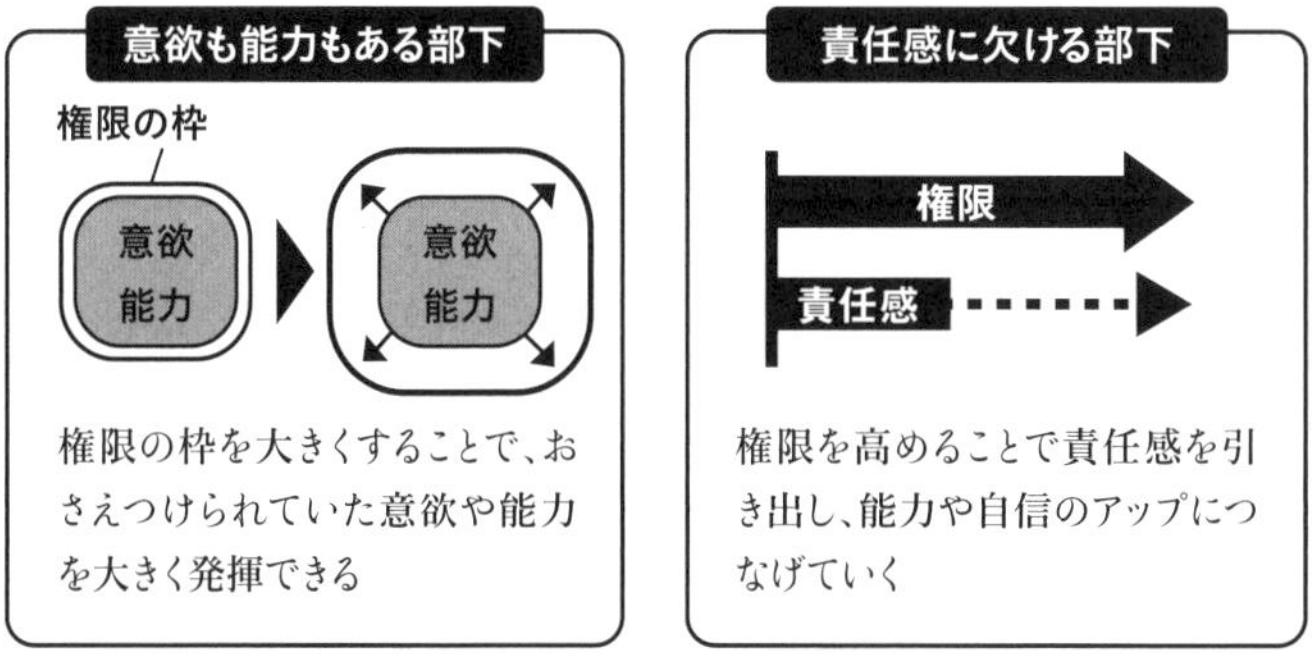

●権限委譲が逆効果になるケース

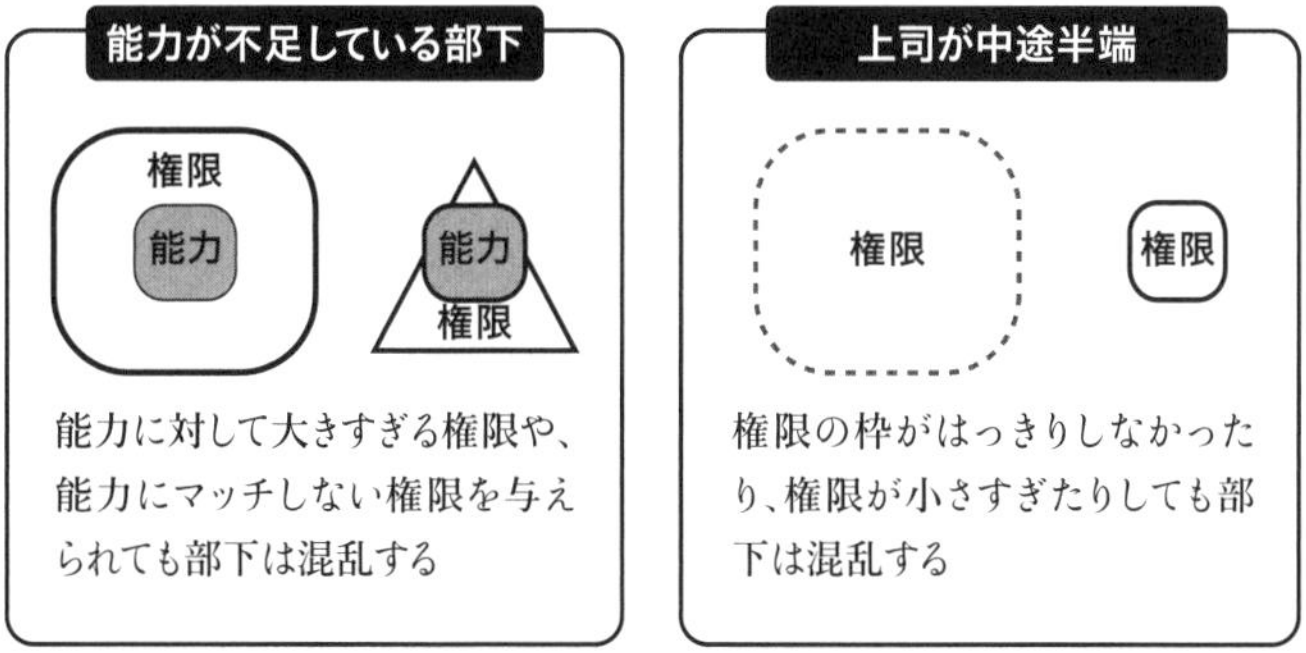

権限を委譲する際は、部下によって与える権限の範囲や内容をマネジャーがしっかり検討することが大切。

どの程度まで部下に仕事を任せるか

能力はあるのに、自信、意欲、積極性といった部分が欠けている人材は意外と少なくない。だからといって諦めず、思い切って仕事を任せてみると、想定以上に大きな成長を遂げることがある。

ただ、このような部下に**仕事を丸投げすると、責任の押し付けのように思われて意欲が低下したり、成果が上がらなかったりする**リスクがある。仕事を任せるといっても、マネジャーの適切なかかわりは重要だ。任せたからには口を出さない、というマネジャーもいるかもしれないが、部下のレベルによってはフォローは欠かせない。日ごろから部下の仕事ぶりに視線を送る、日報や報告書にはすぐにフィードバックするといった程度のことから、場合によっては定期的な面談を実施してもいいだろう。

ただし、権限委譲の本質は、最終的に部下が自分で考えて問題を解決し、自力で成果を出すということにあるため、どの程度かかわるかというバランスには注意したい。ときには「自分がやったほうが早いし確実だ」と感じることもあると思うが、そこでグッとガマンして見守る姿勢は大切にしたい。

また、場合によっては、ひとつの仕事の部分的な権限だけを委譲し、方向性を決定づけるような権限はマネジャーが握ったままにしておくなど、責任の分担も意識したい。ただ、その場合でも、権限の範囲は明確にしなければならない。

サーバントリーダーシップも活用する

権限委譲は、あと一歩が足りない部下を引っぱりあげる効果が期待できるが、能力があって自信も備わっており、意欲も旺盛だという人材にも、さまざまな効果を発揮する。たとえば能力・自信・意欲が高いが、そのぶんプライドも高いという部下は、マネジャーにとって意外とコントロールしにくい側面もあるが、権限を委譲すると驚くほどマネジャーの助けになってくれる。

とくにプライドが高い部下は、自分に任せられた仕事は、なにがなんでもやり切る人が少なくない。自信過剰で鼻持ちならないように思えても、実際はそんな部下ほど伸びるものだ。人格的な成長を遂げる人も多く、権限を得ると同時に芽生える責任感で、普段の振る舞いから変わってくることもあるだろう。こういった部下には、ある程度仕事を任せることにして、マネジャーは余計な口を出さず、見守るという姿勢が大事だ。仕事を「任せる」というよりは、一歩進んだ「委ねる」という感覚でもいいが、だからといって投げっ放しにはせず、折にふれて進捗を確認したり、ねぎらったりすることは忘れないようにしたい。44ページで紹介したサーバントリーダーシップ的な考え方もマッチするはずだ。

また、こういったタイプの部下は、仕事を進める上で多少の難点があっても、その仕事を取りあげるとモチベーションが大きく低下する。**マネジャーには、一度任せると決めた仕事は、少々の失敗はあっても、とことん委ねるような度量も必要だ。**

CHAPTER 4-09

部下のよいところを見つけて褒める

すぐに使える褒め方のコツ

ポジティブな視線を送れば長所が見えてくる

マネジャーのなかには、部下を褒めるのが苦手……という人が意外と少なくない。心のなかには感謝の気持ちを抱いていても、それをうまく表現できない人が多いのだ。しかし、人材育成において褒めることは、部下のモチベーションを高めたり、よい行動を習慣づけたりする効果もあり、ぜひとも活用したい必須スキルでもある。

褒めるのが苦手なマネジャーは、部下のよいところを見つけるのが下手なケースが少なくない。これはマネジャーが批判的な目で部下を見る癖がついているからで、見方を変えれば評価が一変することも多い。たとえば、あなたが「消極的」だと評価している部下に対し、ポジティブな視線を注げば、消極的の裏側にある「慎重」という美点が見えてくる。常に**部下のよいところを見つけようと意識していれば、褒めるところなどいくらでも出てくる**はずだ。

褒め方のポイントとしては、「具体的に褒める」「タイミングよく褒める」「ほかのメンバーの前で褒める」「心を込めて褒める」などさまざまな方法がある。次項で詳しく説明しよう。

〈褒め上手なマネジャーを目指すには？〉

●ポジティブな視線を部下に送る

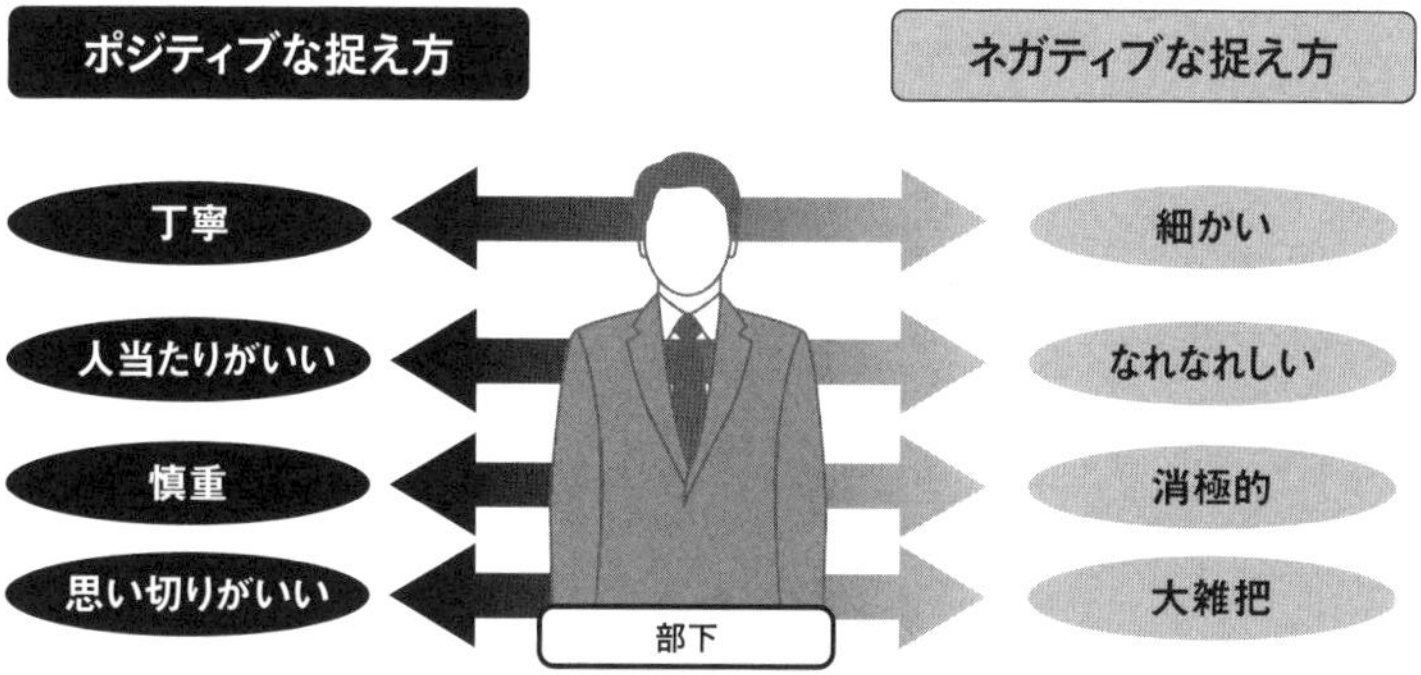
ポジティブな捉え方
ネガティブな捉え方
丁寧
人当たりがいい
慎重
思い切りがいい
細かい
なれなれしい
消極的
大雑把
部下

同じ資質を評価しても、ポジティブな視線を送るか、ネガティブな視線を送るかで、
その印象はまったく異なる。ポジティブに捉えれば、部下の美点が見えてくる。

●褒め方のコツをおさえる

具体的に褒める

なにについて褒めているかをはっきりさせる。結果だけではなくプロセスも褒めることが大事

タイミングよく褒める

賞賛すべきことがあれば、その場で褒める。部下のテンションが高い間によい行動を意識づける

ほかのメンバーの前で褒める

褒められた人はより誇らしい気持ちになり、ほかのメンバーにもポジティブな影響を与える

本心から褒める

賞賛の言葉に心を込める。心の込もっていない褒め言葉は、単なるおだてと捉えられることも

結果だけではなくプロセスにも言及する

同じ褒めるにしても、ただ「よかったよ」というのと、「毎日遅くまで残業して、頑張った甲斐があったな」というのでは、部下の感じ方は大きく変わってくる。褒めるときは、なにより具体的に褒めることが大事だ。きちんと**部下の仕事ぶりを見て、プロセスも褒める**ように意識したい。

「具体的に褒める」ということは、日ごろの観察をおろそかにしているマネジャーにはできない。マネジャーとしては大変かもしれないが、具体的に褒めることで、部下は「ちゃんと見てくれているんだな」と安心するはずだ。そして「どんな理由で褒められたのか」ということを部下に意識させれば、より望ましい行動を引き出せるだろう。

また褒めるべき行動を部下がとったときは、すかさず褒めるとより効果的だ。「鉄は熱いうちに打て」という言葉の通り、部下の誇らしい思いが冷めないうちに、賞賛の気持ちをあらわしたい。

反対に、部下の気持ちが冷めたころに褒めては、せっかくの賞賛の気持ちが半分も伝わらないだろう。また、褒めるべき行動をとったのに上司からリアクションがないと、部下は「自分のやっていることは間違っているのだろうか」「意味がないのかもしれない」などと思ってしまうこともある。望ましい行動をとったときに、それに対して賞賛の気持ちをあらわされることで、内面に深く根づいていくのである。

うわべだけの言葉ではなく本心から褒める

ほかのメンバーの前で賞賛の気持ちをあらわすことも、上手な褒め方のひとつだ。たとえばプロジェクトの打ち上げや定期的なミーティングなどは、大勢の前で部下を褒めるチャンスだといえる。部下はメンバーに注目されて一層誇らしい気持ちになるし、その様子を見ているメンバーも、仲間が褒められることで自分が褒められたかのような嬉しい心境になるものだ。

そういった意味では、本人のいない場所でも、よいことがあれば積極的に褒めるようにすれば、周囲に望ましい影響を与えることができる。また本人にとっても、直接的に褒めなくても人づてに賞賛の声が耳に届くことで、直に褒められるよりも嬉しい気分になることだってあるだろう。反対に、本人のいない場所で相手を否定することは、絶対に避けなければならない。

そして、褒めるときは心の底から賞賛の気持ちをあらわすことが大事だ。**表面上だけ褒めていては、単におだてられているような印象になってしまう**。たとえば103ページで紹介した「Iメッセージ」のように、「君があんなに頑張ってくれるなんて、僕はちょっと感動したよ」といった具合に自分の主観も交えて褒めることが効果的だ。最初は照れくさいかもしれないが、自分ならどのように褒められたいか……ということを意識すれば、自ずと心を込めた褒め方が見えてくるはずだ。ぜひ褒め上手なマネジャーを目指してほしい。

部下を伸ばす叱り方を身につける

失敗をプラスに変えるアプローチとは？

なんのために叱るのか、ということを意識する

近ごろ「叱られるより褒めて伸びるタイプ」という言葉をよく耳にするが、叱られることに拒否反応を起こす人が増えているようだ。また、上司のほうも褒めるならまだしも、叱るのはどうも苦手……という人が少なくない。しかし、我が身を振り返ってみても「褒められてばかりではいまの自分はなかったのでは？」と思わないだろうか。とくに**自分を大きく変えるような気づきを得るのは、叱られたときが圧倒的に多い**。部下の反発を恐れて叱らないマネジャーは、人材育成を放棄しているといっても過言ではないのだ。

しかし、ただ叱ればよいというものでもない。「叱る」のは、自分の怒りをぶつけるのではなく、相手に悪いところを改めてもらい、ポジティブな変化を促すためだという本質を忘れてはならない。また相手のためを思って叱るにしても、無神経に実行しては、反発を呼んだり溝ができたりする可能性もある。マネジャーはなぜ叱るのか、ということを胸に留めつつ、効果的に叱るためのスキルも身につけたいものだ。

〈叱り方のポイント〉

●失敗をプラスに変えるために叱る

プラスになる叱り方

失敗やミスについて自覚させ、その解決法をともに探り、同じ間違いを犯さないようにする。

マイナスになる叱り方

失敗やミスをした部下に怒りをぶつけることに終始し、相手も感情的になって、間違いを正当化したりする。

失敗がプラスになるか、マイナスになるかは、部下の資質よりも、マネジャーの叱り方によって左右される部分が大きい。

●部下を叱るときに気をつけるべきこと

感情的にならない

怒りの感情は本質を見誤らせる。「怒る」と「叱る」を区別しないと、真の反省は引き出せない

頭ごなしに叱らない

叱る前に、相手の事情やそのときの状況を聞くことが大前提。言い訳と状況説明は違う

人格を攻撃しない

「慌て者」など性格的要因ではなく、失敗やミスを引き起こした行動自体に着目する

人前では叱らない

人前で叱ると、反省より気恥ずかしさが先に立つため、冷静に失敗やミスと向き合えない

「褒める」を組み合わせて叱る

叱るのが苦手な人は、相手に恨まれたり、雰囲気が悪くなったりしないか、という思いから、つい問題を放置してしまう場合が多いようだ。しかし、**心から相手のことを考え、また怒りをぶつけるのではなく誤ったことをただすという毅然とした態度があれば、きっと相手も受け入れてくれる**だろう。部下を叱るときは、マネジャーのほうも多大なエネルギーを使うことになるが、だからこそ建設的なやりとりにしたいものだ。

そのためには、まず叱るときに理由をはっきり部下に伝えることだ。ただ怒鳴りつけたり、否定したりするのではなく、ミスや失敗によって引き起こされた問題について、事実だけを述べるようにしたい。叱るといえば、相手の間違いを指摘することだと思っている人もいるかもしれないが、事実を示したあとは、それを改善する方向に導くのがマネジャーの仕事である。

また、**単に叱るのではなく、「褒める」をうまく組み合わせることで、感情的な壁を取り除いたり、前向きな対話が可能になったりする**ことも多い。たとえば、非常に多忙なときにミスを犯した部下に対しては、「今回は忙しいなか、よく頑張ってくれたな」「結果は出なかったが、最後まで責任をもって取り組んでくれたな」といった褒め言葉を最初にいうのが効果的だ。また、ミスについてふれるときも、「いつもはしっかりしているのに、君らしくないな」といった褒め言葉を忍ばせると、相手も話を受け入れやすくなる。

明るい雰囲気で会話を締めくくる

実際に問題が起きて叱る必要性が出てきたときは、褒めるときと同様に、できるだけ早く実行に移したい。とくに細かい問題が起きたときほど、その場でさっと指摘したほうがいい。細かなことだからと寝かせてしまうと、部下自身が忘れてしまう場合もあるため、こまめに注意することが大切だ。ただ、大きなミスの直後は相手が感情的になっている可能性もある。相手の様子を見て、すぐに叱っても効果がなさそうなときは、一呼吸置くのもひとつの方法だ。そして部下を叱るときは、**人前ではなく、必ず相手と一対一の環境をつくりたい**。人前で叱られるということは、人によっては大きくプライドを傷つけられる出来事だ。相手がどう感じるかということを念頭に置き、環境選びに気を配りたい。

また、あまり時間が長引かないようにすることも大切だ。部下にとって叱られるということは、心に強烈なインパクトが残るため、叱る理由や解決策がはっきりしているときは、二言、三言で十分な場合も少なくない。反対にクドクドと長時間叱り続けると、論点を見失ってしまいがちだ。一度にいくつもの事柄について叱るのもよくない。部下を叱っている最中に、過去のまずい行動を思い出して蒸し返す……といったことはありがちだが、いま起きている問題に絞るように意識したい。また、叱りっぱなしで話を締めくくるのではなく、話の最後には必ず前向きになれる言葉をかけるべきだ。ミスや失敗を反省することは大切だが、ネガティブな気持ちを引きずらないように、明るい雰囲気で会話を終えてほしい。

部下を叱るときの流れ

では実際に問題が起きたときに、部下にどうアプローチしていくのか、その流れを見ていきたい。まず問題が発生したとき、部下はどんな状況だったのか、どういうふうにかかわっていたのか、ということをはっきりさせる必要がある。この段階では、まだ叱るような場面ではない。問題の詳細をしっかり掴んでから叱らないと、**見当違いの指摘をして、部下との間に溝ができることもある**からだ。このとき、問題が状況に依存している場合や、一過性のミスの場合は、ことさら叱る必要もなく、状況確認だけで面談を打ち切ってもいいだろう。

部下自身が問題を引き起こし、看過できない状況であるときは、なぜ問題が発生したのか部下に考えさせることが大切だ。理想的なのは、部下が自力で問題の原因を見つけることだが、マネジャーがいくつか質問することで正解に誘導できることも多い。この時点で、部下が答えを見出せないようなら、マネジャーが問題を指摘し、必要に応じて叱る。

そして、問題の解決法や次回以降の防止策についても、部下の答えを導き出せるようなアプローチをしたい。部下が自分で問題の原因に気づいている場合は、解決法も自ら導き出せることが多いが、それが難しい場合は、マネジャーが具体的な方法を教えたり、ヒントを示したりするといいだろう。

最後に大切なのは、叱ったあとに部下をフォローすることだ。とくに落ち込みやすい性格の部下に対しては、話の終わりには笑顔になれるように気を配りたい。

〈問題発生時の部下とのやりとりの流れ〉

●叱る場合も順を追うことが大事

叱る必要があるのか、ないのかということも含め、マネジャーにも的確な判断力が求められる。

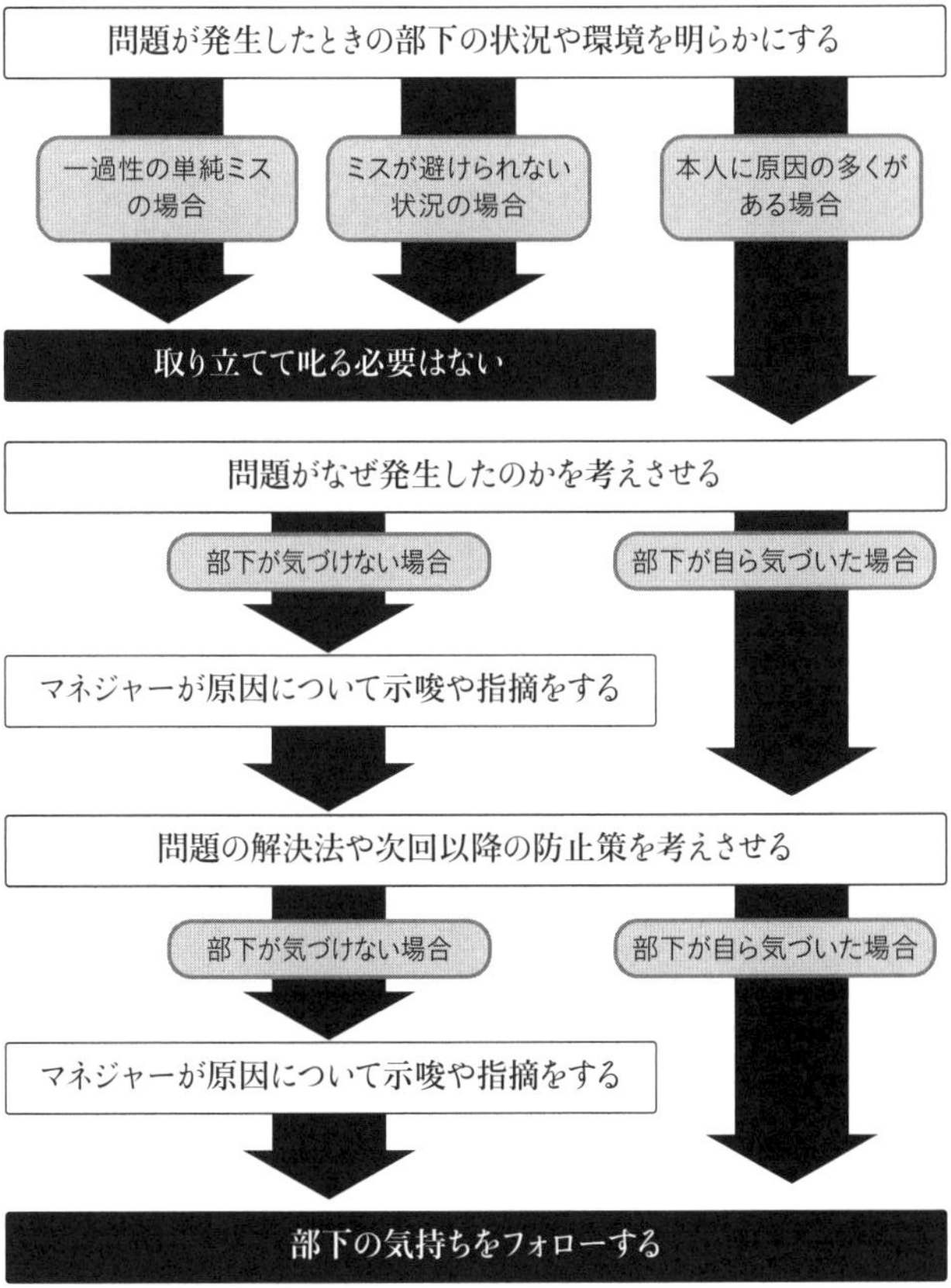

CHAPTER 4-11

パワーハラスメントに注意する

「叱る」と「怒る」を区別する

パワハラは相手の捉え方次第

部下を叱ったり、指導する際に、それがパワーハラスメントになっていないか注意しなくてはならない。自分としてはパワーハラスメントではなく、「愛のムチだ」などと思っていても、相手がどう捉えるかはわからない。**叱る、注意する、間違いを指摘するといったときに、必要以上の重圧を与えていないか、マネジャーは自分の姿を客観視するべきだ。**

人格を傷つける、執拗に非難する、威圧的な態度をとる、無視する……といったことは、すべてパワーハラスメントに該当すると考えたほうがいい。とくに、感情的になって相手に怒りをぶつけることは、パワーハラスメントに直結する。マネジャーも人間だから感情的になることもあるが、「怒る」と「叱る」はまったくの別物だ。

ただ、パワーハラスメントは絶対に避けるべきことではあるが、だからといって萎縮しすぎて「叱る」がおろそかになっては本末転倒だ。マネジャーは「怒る」と「叱る」をしっかり区別して、自らの職務をまっとうしたい。

〈パワーハラスメントのパターン〉

●6つの類型をチェックする

下記は典型的なパターンだが、もっとソフトでも類似する言動をとっていればパワーハラスメントと捉えられる可能性がある。

①人格の否定になるような叱り方

「お前は給料泥棒だ」と暴言を吐いたり、「君はネクラだ」などと業務とは関係のない性格について言及する

②執拗に非難する

部下に反省文を書くことを強要し、「内容が物足りない」「もっと丁寧に書け」など何度も書き直しを命じる

③威圧的な言動を見せる

部下の意見が気に入らないと、椅子を蹴飛ばしたり、書類を投げつけたりする。意に沿う発言があるまで怒鳴り続ける

④実現不可能・無駄な業務の強要

これまで3名でおこなってきた業務を、未経験の部下ひとりに押し付ける。毎週のように休日出勤を命じる

⑤仕事を与えない

部下を仕事ができない人間と決めつけ、役職に見合った業務をまったく与えない。共有するべき回覧物も回さない

⑥仕事以外の事柄の強要

昼休みに弁当を買いに行かせる。部下が上司より立派なマンションに住んでいることにいいがかりをつける

※人事院『「パワー・ハラスメント」を起こさないために注意すべき言動例』から著者が抜粋・編集。

CHAPTER 4-12

経験を通して部下に学ばせる

常にサイクルを回すのが成長のカギ

経験なくして成長はない

部下は経験を通じて成長していく。部下にどのような経験をさせるかはマネジャーのさじ加減ひとつで決まってくるが、肝心なのは失敗を恐れずに、できるだけ多くの経験を部下にさせることだ。なぜなら、**人は失敗したり、結果が出なかったりしても、そこから学ぶことができる**からである。

組織行動学者のコルブは、「経験学習サイクル」という理論を提唱し、経験から学ぶサイクルを左ページのように4つの段階に整理した。

まず新しいことを「経験」して、その経験から「反省」し、次につながる「教訓」を導き出す。そして新たな状況に教訓を「応用」して、さらなる経験につなげていく……というサイクルだ。このサイクルは経験がスタートになっており、とにかく経験なくしては考える機会も得られず、新たな行動も生まれないことを示唆している。マネジャーが部下に多様な経験をさせるほど、学習サイクルも活性化していくというわけだ。

〈経験により部下は学習を深めていく〉

●コルブの経験学習サイクル

コルブの経験学習サイクルは、①経験、②反省、③教訓、④応用という流れで人材が成長していく様子を示している。

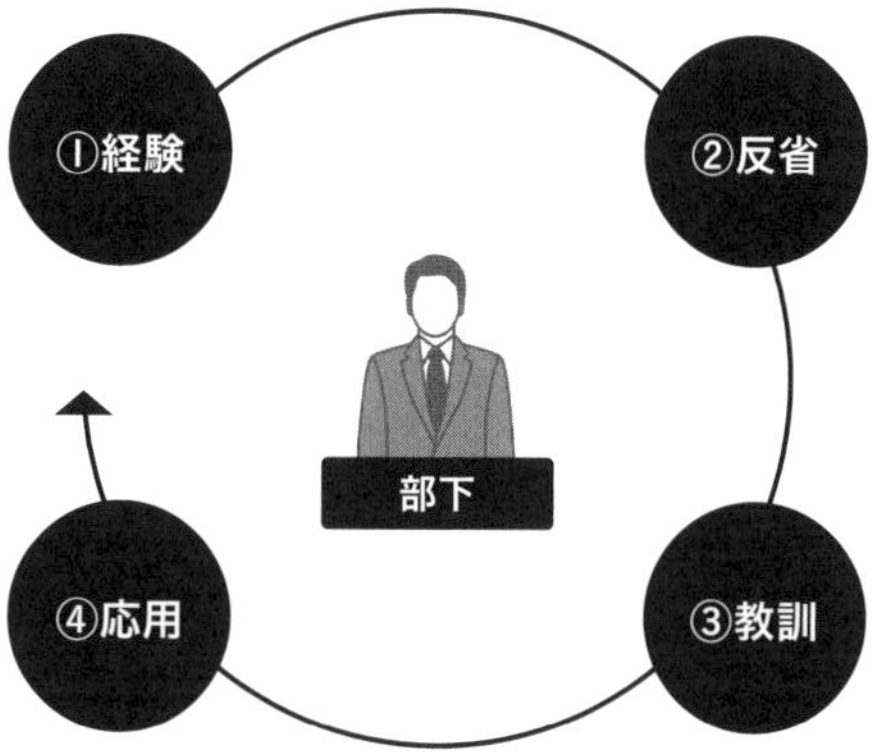

実際の仕事にあてはめると以下のようになる。

①経験

新規取引先に営業活動にいくが、思うような結果が出なかった

②反省

どのような理由で顧客に商品が受け入れられなかったかを考える

③教訓

②の反省をもとに、商品を受け入れてもらえるための仮説を立てる

④応用

③で立てた仮説を、新しい取引先で実際に試してみる

ＰＤＣＡサイクルを人材育成に活用する

経験学習サイクルでは、経験から内省や教訓を導き出すことがサイクルを回す必須条件になっていたが、この作業には部下ひとり一人の考える力が大きく影響する。考える力は個人差が大きい要素でもあるため、経験から多くの学びを得られる部下もいれば、効果が薄い部下もいるはずだ。自分で考えるコツがまだ身に付いていない若手社員には、経験学習サイクルと同時にＰＤＣＡサイクルを回すのが効果的だ。ＰＤＣＡサイクルはｐｌａｎ（計画）、ｄｏ（実行）、ｃｈｅｃｋ（評価）、ａｃｔ（改善）の頭文字をとったもので、ビジネスでは広く知られた理論だ。人材育成でも有用なＰＤＣＡサイクルだが、ここでは**マネジャーと部下が一緒になって回す**ことを提案する。

というのは、若い社員はｐｌａｎを立てるスキルが備わっていない場合も多く、どうしても方向性がズレてしまったり、必要な要素が欠けていたりするものだ。この時点でズレが生じると、ｄｏの段階からさまざまな齟齬《そご》が発生する。また、ｃｈｅｃｋにおいて若い部下がセルフチェックを実施するのには限界がある。ａｃｔで改善策を練るにしても、マネジャーの助言が必要だろう。ＰＤＣＡサイクルは当初はマネジャー主導で回していき、やがてマネジャーはフォローにまわり、最終的に部下ひとりでも回せるような展開を目指すのがスムーズだろう。経験学習サイクルと同様に、ＰＤＣＡサイクルも回せば回すほど部下の成長が加速していくため、積極的に活用したい。

〈部下と一緒にPDCAサイクルを回す〉

●マネジャーが計画づくりからかかわる

マネジャーが立てたPlan(計画)をもとに、Do(実行)、Check(評価)、Act(改善)と二人三脚で回していけば、部下は大きく成長していく。

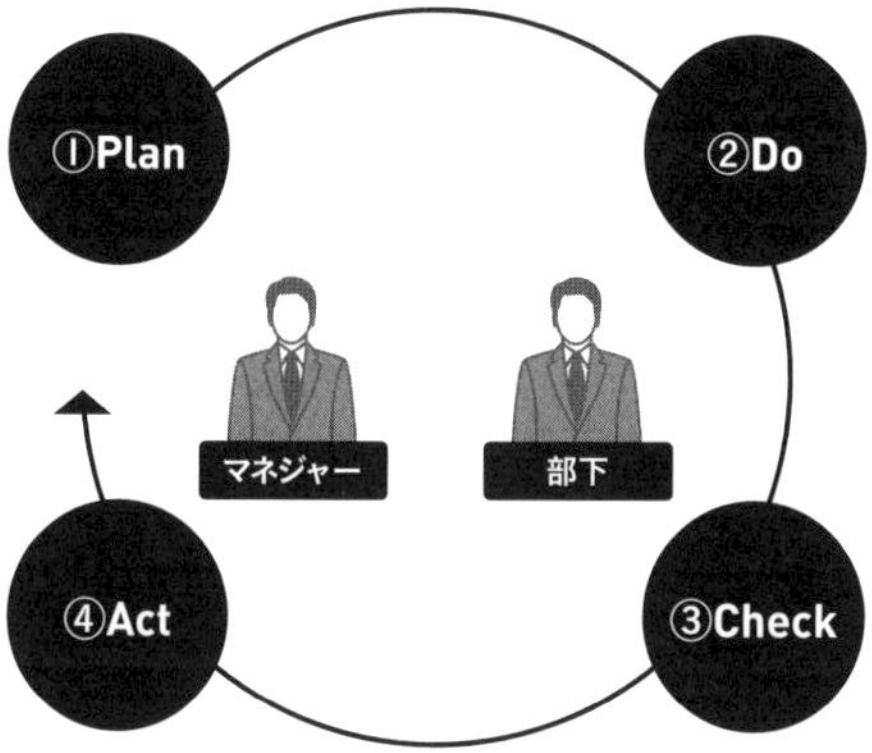

経験の浅い部下に対するPDCAサイクルのイメージ。

①Plan

マネジャーが育成ビジョンに沿って、全体的な計画を立てる

②Do

実行は部下が主体となっておこなうが、マネジャーも適時フォローする

③Check

マネジャーは部下の振り返りを促進するような質問を投げかける

④Act

部下から改善策を引き出しつつ、マネジャーも助言を与える

CHAPTER 4-13

新知識の創造に部下を参加させる

集団内での知識の動きをあらわしたSECIモデル

「形式知」と「暗黙知」から新たな知識を積み上げる

仕事に必要なノウハウを、「形式知」と「暗黙知」の2つに分ける考え方がある。形式知は機械の操作方法や業務上のルールなど、マニュアル化できるようなノウハウを指す。いっぽう暗黙知は、仕事を通じて得られるカンやコツといった感覚的なノウハウを意味する。この**形式知と暗黙知を社員のなかで共有しつつ洗練させたり、形式知と暗黙知を相互に変換したりするプロセスを繰り返すことで、新たな知識を積み上げていくことができる。**

経営学者の野中郁次郎らによって提示されたSECIモデルでは、暗黙知を共有したり暗黙知から新しい暗黙知を生み出したりすることを「共有化」、暗黙知から形式知を生み出すことを「表出化」、形式知を共有したり形式知から新しい形式知を生み出すことを「連結化」、形式知から暗黙知を生み出すことを「内面化」と名付け、左の図のように整理した。これは知識の集約、相互作用を繰り返すことで、新しい知識が創造されることを示唆している。この流れのなかにうまく人材を組み込んでいけば、知識面での飛躍的な成長も期待できる。

〈SECIモデルによる知識創造イメージ〉

●形式知や暗黙知を共有・変換していく

共有化、表出化、連結化、内面化は単独で留めるのではなく、それぞれを連続させることで、さらに効果が高まる。

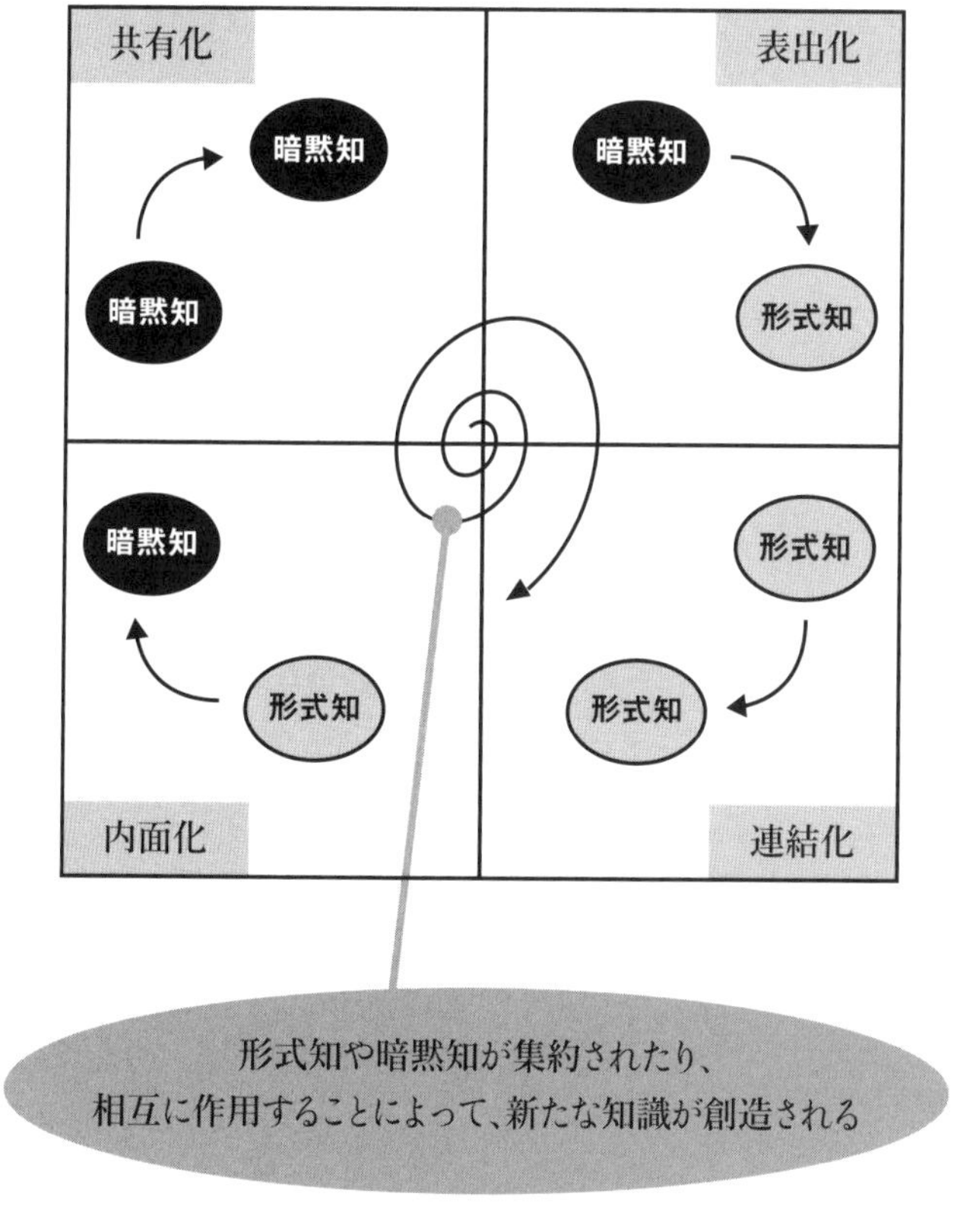
共有化
暗黙知
暗黙知
表出化
暗黙知
形式知
内面化
暗黙知
形式知
連結化
形式知
形式知
形式知や暗黙知が集約されたり、
相互に作用することによって、新たな知識が創造される

SECIモデルを実際の業務に取り入れる

SECIモデルの「共有化」「表出化」「連結化」「内面化」について、もう少し詳しく説明を加えていこう。この4つの状態は、次のように整理できる。

共有化……実際の業務を通じて、熟練の人材からコツやカンといった暗黙知が受け継がれるようなイメージ。

表出化……組織のなかでの対話を通じて、暗黙知を言語化したり、マニュアル化したりすることで、形式知に変換していくようなイメージ。

連結化……形式知を集めて、それを整理したり、編集したりすることで、新しい形式知の体系をつくっていくようなイメージ。

内面化……マニュアルや講義などを通じて形式知を追体験して、さらにレベルの高い暗黙知に変えていくようなイメージ。

この4つの流れの一例をあげると、現場で熟練の社員からカンやコツを伝授された中堅社員が(共有化)、自身の体験を会議の場でほかの社員たちに発表し(表出化)、その発表内容を社員たちが編集してマニュアルにまとめ(連結化)、そのマニュアルを読んだ若手社員が自身で試して新たなやり方を生み出す(内面化)というような形だ。

このようにSECIモデルを活性化させるために、**マネジャーは部下にさまざまな経験をさせたり、そこで得た知識が共有、変換される機会をつくっていくことが大切だ。**

CHAPTER 5

人材の評価とタイプ別の育成

CHAPTER 5-01

育成のための人材評価をおこなう

部下の強みと弱みを把握する

人材育成では絶対評価が大前提

マネジャーは人事考課などで人材を公式に評価するシーンも少なくない。部下の将来を決定づけることもあるため、重大な責任を伴う作業だ。それとは別に、マネジャーは人材育成のために、非公式的にも部下を評価していく必要がある。評価という視線を通すことで、部下が今後解決するべき課題や伸ばすべき強みが見えてくるからだ。ただ非公式的に評価をする場合、自分なりの評価基準に偏りすぎて、誤った判断をしないように注意したい。

通常の人事考課では、相対評価によって優劣をつける企業も少なくないが、**人材育成のための評価は絶対評価にこだわりたい**。相対評価は成果や能力によって序列をつけやすいというメリットがあるが、育成に必要なのは序列ではなく、個々人の強みや弱みを見極めることだからだ。ただ、絶対評価は個人の志向性をはじめさまざまなバイアスによって評価が左右される側面もある。自分なりにどういった点を評価するのか、きちんと基準を設けた上で部下を見つめることが大切だ。

〈人材を評価するときのポイント〉

●自己流の評価では見誤る

〈絶対評価と相対評価〉

それぞれメリットとデメリットがある。

	絶対評価	相対評価
メリット	ほかの人は関係なく、純粋に個人の能力を評価できる	評価に差がつくため、昇格や昇給の基準に用いやすい
デメリット	個人の価値観や評価スキルに影響されやすい	ほかの人と比較するため、高い業績をあげても評価されないことも

〈評価の偏り〉

知らず知らずに評価にバイアスがかかることも多い。

- 年長者や社歴が長い人に遠慮していないか
- 自分と気の合う部下を必要以上に優遇していないか
- 部下の出身校を考慮に入れていないか。学歴に引っ張られていないか
- 結果にばかり注目していないか。プロセスをきちんと見ているか

〈評価のエラー〉

人材の評価には、さまざまなエラーが生じる可能性がある。

ハロー効果　対比誤差　中心化傾向　寛大化傾向

絶対評価の注意点

部下に序列をつけることになる相対評価は、全体的なレベルが高いと、能力が高くても埋もれてしまう部下が出てくる。その反対に、全体のレベルが低いと、平凡な部下でも上位にランクされることもあるだろう。その点、絶対評価はほかの人材を評価の尺度に使わないため、純粋に個人の資質や能力を評価できる。しかし、絶対評価も万能ではなく、ときには相対評価よりも実像と評価が乖離《かいり》してしまうこともある。

絶対評価で人材を見極めるときに、マネジャーは次の3点を意識したい。

①公正に評価することを心がける。
②評価の基準を明確にする。
③評価の基準を守る。

単純なことのように思えるが、こういった心がけがなければ、マネジャーの評価は簡単にブレてしまう。たとえば年功序列的な価値観により、勤続年数が長い人を重んじ、短い人を軽んじる。学歴が高く資格をたくさんもっている人を過大に評価する。人格や人徳を能力と結びつけて評価する。あるいは、自分と打ち解けている人、仲がよい人に甘い評価をつける。評価する側は意識していなくても、こういった要素は評価に微妙に影響してくる。いや、意識していないからこそ、評価に影響させてしまうのかもしれない。①から③を常に心に留め、**余計な要素が評価に入り込んでいないか自問しなくてはならない。**

結果だけを見ずプロセスを評価する

マネジャーにとって「ありがたい部下」とは、どんな人だろう。自分がマネジメントする部署に課せられた目標、とくに数値目標という視点から見れば、やはり結果を残してくれる部下が一番ありがたく思うのではないだろうか。ただ、売上など目に見える数値的な結果ばかりを重視していては、公正な評価から外れてしまいがちだ。今期、売上があがった部下がいたとして、それが本人の努力や能力アップの賜物なのか、数値目標の帳尻を合わせようと無理をした結果なのか……といった具合に、評価者は絶えず本質を探らなければならない。

たとえば営業でいまひとつ数字があがっていない部下がいても、その間、新しい顧客を開拓したり、既存顧客のフォローをしたりと地道な種まきをしていれば、その努力はきっとどこかで花開くだろう。反対に、数字の帳尻を合わせようと、無理な値引きをしたり、強引に商品を売りつけたりしていては、見込み客を根こそぎ刈り取ってしまい、その営業エリアが荒涼としてしまうこともあり得る。

また、部下が自分自身の目標を設定している場合も、簡単に達成できる目標をクリアした人より、**たとえ失敗しても果敢にチャレンジする目標を掲げた人のほうが、長期的に見れば評価に値する**ことが少なくない。こういった部分は成果主義的な視点ではなかなか気づきにくい部分でもあり、なにをもって成果とするか……ということをマネジャーはよく考える必要があるだろう。

4つの代表的な評価のエラーをチェックする

マネジャーは人事考課などで公式に評価をおこなうときは慎重になっても、非公式的に評価するときはつい気を抜いてしまいがちで、評価のエラーに引っ掛かってしまうことが多々ある。どんなときでも、「自分は評価を間違える可能性がある」ということを忘れないようにすることが大事だ。よくある評価のエラーとしては、次のような項目が挙げられる。

ハロー効果……評価対象者に優れた部分があると、その印象に引っ張られて、ほかの部分も優れているように見えてしまうこと。

対比誤差……相手の能力を評価するときに、自分の能力と比較してしまうこと。自分が得意な分野、苦手な分野について相手を評価するときに、とくに影響を受けやすい傾向がある。

中心化傾向……明確に優劣をつけず、無難な評価をしてしまうこと。評価基準が明確になっていないときに多い。

寛大化傾向……評価に私情が入るなどして、つい甘い評価をしてしまうこと。「日ごろの付き合いのよさ」「性格的にウマが合う」といった業務とは関係のない要因によって寛大化が進んでしまうこともある。

こういった評価エラーがあることを覚えておき、またその対策法もおさえておくことで、適切な評価ができるようになるはずだ。

〈評価のエラーの傾向と対策〉

●代表的な4つのエラーをおさえる

ハロー効果

限定的な美点に注目しすぎると、全体的な印象が美点に引っ張られてしまう。また美点ではなく、欠点に対してもハロー効果は起こる

対策　部分的な美点や欠点にばかり注目せず、頭をリセットして人材を見つめる

対比誤差

「自分ができることは、ほかの人もできて当然」などと思ってしまいがち。また、自分が苦手なことが得意な人を過大評価することも……

対策　自分自身と比較して相手を評価しない。確たる評価基準をもとに人材を見つめる

中心化傾向

優劣をつけるのに抵抗がある、自分の目に自信がないといったことから、「普通」「平均的」という波風の立たない評価をしてしまう

対策　よいところも悪いところも見逃さないようにし、自信をもって人材を見つめる

寛大化傾向

評価する相手とよい関係をキープしたい、相手をできると信じたいという気持ちから、実際よりも評価が甘くなってしまう

対策　自らの職務を再確認し、公正な目線で人材を見つめる

評価にはさまざまなエラーが起こる可能性があるが、マネジャーがエラーについての知識をもち、「自分は間違えることもある」と自覚した上で対策を身につけておけば、エラーを減らすことができる。

CHAPTER 5-02

部下の育成カルテをつける

戦略的ＯＪＴにも役立つ

将来像を見据えて計画を立てる

部下がどのような人材か的確に把握し、部下ひとり一人に合った指導をおこなうために、育成カルテをつくることをおすすめしたい。たとえば１０４ページで紹介した戦略的ＯＪＴを実行するのにも、育成カルテをつけていれば指針づくりに役立つだろう。

育成カルテはマネジャーの日ごろの観察がものをいうが、自分の主観ばかりに頼らず、部下にもヒアリングや相談をして、現状の課題の把握や、目指すべき将来像をすり合わせていくことが大切だ。カルテといっても、決まった書式はないが、**「現状把握」と「将来像」の二本立てで考えれば、成長計画をイメージしやすい。**

また、部下の現状把握と将来像の差を可視化するには、面談を通じて現状を数値であらわすのも有効だ。たとえば、「営業担当者として、いまの新規開拓力を自己評価するなら、何点くらいだ？」と部下に聞き、その点数と１００点満点との差をどのように埋めていくのか……というアプローチで課題を設定していくと、ブレずにゴールを目指せるだろう。

〈育成カルテの例〉

●部下ひとり一人に詳細なカルテをつける

カルテは現状把握だけではなく、目指すべき将来像も併記することで、成長計画を立てやすくなる。

	現状			将来		
テーマ	強み	弱み	点数	理想型	具体的手法	期限
新規開拓について						
人間関係について						
〜	〜	〜	〜	〜	〜	〜
後輩指導について						

テーマ………部署や部下の仕事によってテーマを設定する
強み…………今後さらに伸ばしたり、武器にしたい長所
弱み…………物足りない部分。埋める必要のある短所
点数…………理想像とのギャップや成長の定点観測に役立つ
理想型………部下自身がどんな理想像をもっているか
具体的手法……成長するのになにをやるべきか
期限…………いつまでに実現させるか

各項目は利便性や業務内容などを加味してカスタマイズする。

育成カルテは定期的につける

育成カルテは思い立ったときにつけるだけではなく、定期的につける習慣をもちたい。たとえば1年ごとに育成カルテを更新するようにすれば、昨年からどんなところが成長して、新たにどんな課題が発生したのかがわかる。

また、部下がきちんと成長に取り組んだのか、ＯＪＴをはじめとした育成計画が想定通りに機能しているかが把握しやすくなるのもメリットだ。部下のモチベーションが下がっているときや想定通りに進んでいないときは、当然育成計画の修正も視野に入ってくるが、そもそも育成計画は常に変化していくものであるため、修正に必要な材料の収集は怠らないようにしたい。**育成カルテをつけていないと、どうしても場当たり的な対処が増えてしまい、結果として育成計画が十分に機能しなくなる。**

また、部下にとっても、育成カルテをつくる際に定期的な面談を繰り返すことで、自己の成長に必要なものや現在欠けているところを見直すきっかけになる。とくに自己申告の点数などは、前回との比較が容易であるため、成長実感を得やすいだろう。

育成カルテの更新スパンは業務内容や項目によって長期的、中期的、短期的に分けてもいいが、肝心なのはその間のプロセスが見える形にすることだ。プロセス評価が重要なのは本書の折々でふれているが、育成カルテに組み込むことでマネジャーが把握しやすくなり、また部下にも適時フィードバックできるようになる。

自分自身のカルテも用意する

育成カルテは必ずしも部下の育成だけに活用するものではない。マネジャーが自分自身のカルテをつくることで、我が身を客観的に振り返ることもできる。とりわけ部下を指導するときに、どんなことに気をつけるべきか、どんなことを取り入れていくべきか……ということは、定期的に意識を新たにしたい。なかでも**「自分自身の指導法が正しいのか」「育成計画は効果的に働いているか」といった評価は、書面に整理したり数値などわかりやすい指標にまとめたりしないと、なかなか掴めない**ものだ。

また、面談の際に、自分の指導や教育に対して、部下がどんな印象をもっているか、どうしてほしいか、ということをヒアリングして育成カルテに組み込むこともおすすめしたい。部下によって視線や態度が異なるため大変な作業になるが、多くの部下から情報を集めることで、自分の引き出しがどんどん増えていくだろう。

人材育成は一朝一夕にはいかないため、部下のための育成カルテはあまりに短いスパンだと「変化なし」ということもあるが、自分自身のカルテはまた別物だ。昨日より今日、今日より明日といった具合に、少しずつでも成長することを意識し、また日々の成長を実感することで、マネジャーは身をもって育成のなんたるかを知ることができる。たとえば超短期の自分用カルテは、メモ程度の簡単な内容でも、毎日つけて折にふれて見直すと非常に参考になるはずだ。

CHAPTER 5-03

部下のキャリア観をつかむ

8つのキャリアアンカーをおさえる

目指すべき将来像は人それぞれ

さまざまな人間が集まる会社という組織には多様な価値観が渦巻いているが、社員たちのキャリア観もじつに多彩だ。部下を育成する際、**その部下がどんなキャリア観をもっているのかを把握していないと、人材を育てるどころか、逆効果になってしまう**ことすらある。

たとえば、研究や職人的な仕事に対してコミットメントしている部下を、人材を管理する能力を高めようとリーダー的なポジションに引き上げると、モチベーションを大きく損なうようなこともある。とくにマネジャー自身のキャリア志向が高い場合は、こういった部下の気持ちを理解できず、思わぬ齟齬が生まれてしまうこともある。

心理学者のシャインは、コンピタンス（能力）や価値観、動機などをもとにしたキャリア形成の志向性を、左の図のように8つに分類している。これを「キャリアアンカー」と呼ぶが、マネジャーが思い描いている部下の育成方針と部下自身のキャリアアンカーに大きなズレが生じていないか、注意しなくてはならない。

〈キャリア観を考慮した育成〉

●キャリアアンカーにマッチした育成計画を立てる

それぞれのキャリアアンカーに沿った育成が理想だが、部下のキャリア志向を理解していないと、モチベーションを低減させることもある。

「専門・職能別能力」「全般管理能力」「自律と独立」「保障・安定」の特徴

　では8つのキャリアアンカーについて、その概要を見ていきたい。

　まず「専門・職能別能力」だが、これは**特定の分野の専門家になりたい、その分野の知識や技術を磨きたいと望む**ような人たちが該当する。せっかく専門分野で自分の能力を高めることにチャレンジしているのに、「そろそろマネジャーになれ！」などと水を差されると、モチベーションが低下する可能性もある。また専門分野のマネジャーか、ゼネラルマネジャーかといった違いでも、キャリアアンカーへのフィット感は大きく変わるだろう。

　次に「全般管理能力」だが、これは**組織のなかで責任感のあるポジションに就きたいと望む**ような人があてはまる。「専門・職能別能力」とは逆に、ゼネラルマネジャー的なポジションがフィットしやすく、知識や技能も専門分野に特化せず、いくつかをバランスよく身につけたいと考える場合が多い。

　「自律と独立」は、**自主性に高い価値を置き、またいつかは独立したいと考えている**ような人のカテゴリーだ。束縛を嫌い、ある程度仕事を任されることにやりがいを感じる場合が多いだろう。

　「保障・安定」は、**自分の身分や地位が安定的で、同じ場所で長く働きたい**と願う人があてはまる。ひとつひとつキャリアを重ねていきたいと考え、定年までの長期的な見通しをもっている場合も多い。

「起業家的創造性」「奉仕・社会貢献」「純粋な挑戦」「生活様式」の特徴

5つめ「起業家的創造性」は、**新しいこと、未知の分野へのチャレンジに高い意義を見出す**タイプだ。とくに新事業の創造に価値を求めたり、自分がつくり出した商品やサービスが世間に受け入れられることに喜びを感じるような傾向がある。

6つめ「奉仕・社会貢献」は、**他人を手伝ったり、社会の役に立ったりしたいという志向性が強い**人があてはまる。自分の価値感を大事にしており、世俗的な損得勘定では量れない道に進むこともある。

7つめ「純粋な挑戦」は、困難な問題や誰も実現したことがない課題に取り組むときに「燃えてくる」ようなタイプだ。**自分の専門分野に限らず、どんな分野でも挑戦しがいのある問題や課題には前向きに取り組む**ことができる。過去に成し遂げた実績によって自信が裏打ちされていることも多い。

そして最後の「生活様式」は、**自分自身が思い描いているワークライフバランスの実現に強い価値を置いている**人たちが該当するようなカテゴリーだ。仕事も大事だが、プライベートの充実も重要視していて、自分だけではなく家族の価値観にも影響される。さまざまな欲求に対し、バランスをとるようなキャリア観を描く傾向があるといえるだろう。

こういった部下ひとり一人のキャリアアンカーの違いを理解するには、部下との間の信頼関係や密接なコミュニケーションがカギを握る。

CHAPTER 5-04

人材の成長ステージを把握する

段階を踏んだ人材育成

一足飛びには成長できない

組織で働く人間の大部分は役職のない一般社員だ。なかにはリーダーや主任といった肩書きがつく場合もあるが、いわゆる管理職ではない社員は「平社員」などと十把一絡げに扱われることも多い。しかし、マネジャーは一般社員のなかにも、明確なステージがあることを意識して人材育成に臨まなくてはならない。入社したての新人とエース級のプレイヤーほど明確な差ではなくても、**ステージごとの課題や目標の違いは当然あり、段階をひとつずつクリアしていくことで成長していく**からだ。

一口に一般社員といっても、さまざまなステージに分類することができるが、わかりやすいのは「新人」「半人前の一般社員」「一人前の一般社員」「成熟した一般社員」という分け方だ。自分の足跡を振り返ってみても、こういったステージごとにいろいろな課題や目標をクリアしてきたはずだ。人材育成をする側から見ても、このようにステージによる分類をすれば、仕事の割り振りやフォローの方法などが明確になるだろう。

〈部下はステージごとに分類する〉

●大きく分類すると4段階のステージに分かれる

ステージによって、期待する役割や課題・目標も変わってくる。また、マネジャーによる支援の仕方もステージによって変えていきたい。

新人

配属されて間もない新入社員のほか、中途入社や転籍した社員も含まれる

主な課題や目標

・仕事上の基礎知識やルールを身につけているか
・メンバーや社外の人と円滑な人間関係を築いているか

▼

半人前の一般社員

一通りの仕事は自分ひとりでこなせるような存在。後輩をもつ人も出てくる

主な課題や目標

・指示待ちではなく、自分で考えて仕事に取り組めるか
・自分より立場が下のメンバーに適切な指導ができるか

▼

一人前の一般社員

自分で目標を立てて、それを完遂できるような存在。重要な仕事も任される段階

主な課題や目標

・新たな仕事をつくり出すことができているか
・問題が発生したとき、それを解決することができるか

▼

成熟した一般社員

マネジャーからある程度の権限を与えられる。エース級のプレイヤーになる人もいる

主な課題や目標

・自分のことだけではなく、リーダーとして振る舞えるか
・足元だけではなく、組織全体を俯瞰した仕事ができるか

新人や半人前の部下に対するアプローチ

では先に挙げた4ステージごとに、マネジャーはどのようなことに注意して育成に取り組めばいいかということを見ていこう。

まず新人だが、この段階ではビジネスの基本的なマナーや職場のルールを覚えることが先決で、コーチングよりもティーチングが重要な時期だといえる。ティーチングは166ページで詳しく説明するので参考にしてほしい。この時期はマネジャー自身が指導にあたるより、ほかの部下に指導役を任せるほうが現実的だ。マネジャーの仕事としては、どの部下を指導にあたらせるかを選別したり、指導する側の人材を育成するほうが主眼となるだろう。ただ、現場の全体的な舵を握っているのは、紛れもなくマネジャーだ。**マネジャーの舵取り次第で、新人にどのような仕事を振り分けて成長を促進させていくかも決まってくる**ため、バランスも意識した采配を心がけたい。

次に半人前の一般社員だが、半人前といっても、ひとりで仕事を任せられるレベルにはあるため戦力にはなっている。マネジャーのかかわりとしては、仕事でトラブルが発生したときや、壁にぶつかったときに適時フォローする……といったアプローチが中心になるだろう。また、与えられた仕事をソツなく実行するだけではなく、自分なりの味付けが期待される時期でもある。マネジャーは**期待感を口に出すなどして、部下のチャレンジ精神を刺激していく**ことが大切だ。

一人前の部下、成熟した部下へのアプローチ

半人前を脱却して、一人前の部下になると、もはや部署には欠かせない貴重な戦力となっているはずだ。この段階になると、自分から目標や乗り越えるべき課題を設定するなど、より主体的な行動が求められる。マネジャーは部下が主体的に振る舞えるように、環境を整備したり、一部の権限を委譲したりすることも必要になってくるだろう。また、このステージの部下は、後輩の指導役やお手本としても活躍が望まれる。プレイヤーとしてのスキル以外に、さまざまな能力が求められるため、負担は格段に大きくなっていく。ただ、**ポジティブな負担は成長への起爆剤になる**。マネジャーは適切な負担が部下にかかっているか、注意して見守らなければならない。

そして成熟した社員だが、このクラスになるとマネジャーの手を離れて縦横無尽に活躍する部下も珍しくない。エース級の部下として部署を引っ張る人材もあらわれてくるため、マネジャーは**思い切った権限委譲を実行するなど、大局観をもった采配をおこなうことが大事だ**。また、プレイヤーとして働く以外に、リーダーやマネジャーといった新たな道が開けてくる部下もいるだろう。156ページで紹介したキャリアアンカーなども参考にしつつ、部下のよりよい将来像を探っていきたい。また、長くプレイヤーとして留まっている部下は、ミドル期以降に意欲や能力が低下してくることも考えられるが、そういった下り坂の部下に対しても、マネジャーは期待をかけて戦力として扱っていくべきだ。

次のステージへの移行を視野に入れる

一般社員をステージ別に4つに分類する考え方を紹介したが、マネジャーによる適切な働きかけによって、次のステージへの移行を促進することができる。ただ、ステージの移行とは、すなわち立場を大きく変えていくことを意味するため、相応の負担は発生する。ある意味、マネジャーは負担や試練を部下に与えて、ステージの移行を促していくわけだ。

たとえば新人なら、簡単な仕事から少しレベルの高い仕事に取り組ませたり、外部の人間ともかかわる仕事に積極的にアサインしたりすることが有効だ。「そろそろこんな仕事もやってもらうから」といったふうに、**少し先の将来像を示して、部下に新人を脱却する準備をさせたい**。会議や打ち合わせの席でも、積極的に意見を求めるなどして考える習慣を身につけさせれば、次のステージが見えてくるだろう。

半人前の社員を一人前に脱皮させるときにも、大きな試練が必要だ。半人前のうちは、問題が発生しても先輩や上司のフォローを受ければいいが、一人前になると何事も自力で処理をしなくてはならない。そのため、**脱皮を促す時期には、あえて失敗を受け入れる覚悟で、最後まで部下に仕事を任せる度量をもちたい**。新人のときと同様に、部下に意見を求めることも大事だが、このステージではその意見を採用し、本人に実行させるなど、より実践的な取り組みが、一人前を目指す足がかりになる。ただし、仕事を任せたあとは、必ずマネジャーが一緒になって振り返りを実行するようにしたい。

マネジャーのかかわりが移行を促進させる

一人前の部下にかんしては、マネジャーは仕事を割り振ったあとは基本的に進捗報告くらいで勝手に仕事が進んでいく。ただ、もう一段上のステージを目指すためには、自分なりの仕事のやり方を引き出すような働きかけが大事だ。たとえばプロジェクトリーダーに任命し、**これまでマネジャーが指示していたような事柄まで任せてみることで、新たな視点が開けてくることも多い。また、さまざまな立場に立って問題を考えるきっかけにもなる。**後輩に指示したり、指導したりする機会も増やしていきたいところだ。社内で完結する仕事に安心感がもてるようになれば、顧客や取引先など、社外に対するハブ役を任せてみてもいい。仕事の最初から終わりまで、マネジャーが口を出さずに完遂させ、自分なりの進め方を編み出せるようになれば、次のステージはすぐそこだ。

最後に成熟した社員だが、成熟しているからといって成長が止まるわけではない。**プレイヤーとしてさらに専門性を突き詰めて代わりのきかない人材を目指したり、あるいはプレイヤーを卒業してマネジャーを目指すといった大転換も視野に入ってくる。**今後のキャリアを左右する時期でもあるため、部下本人のキャリア観や職場を取り巻く状況などにも鑑みて、どういったポジションを目指すかという方向性はなるべく早い段階から定めたいところだ。プレイヤーからマネジャーへの転換は誰もがジレンマを抱えるところではあるが、マネジャーは自分の経験なども交えて、部下が前向きに思考できるような助言をしたい。

CHAPTER 5-05

経験の浅い部下はまず基礎力をつけさせる

コーチングよりティーチング

コーチングには徐々に移行する

人材育成にコーチングの手法を活用している人も多いと思うが、部下の成長段階によっては、さほど効果的ではない場合もある。100ページでもふれたように、コーチングは部下の力を引き出すようなアプローチが基本になるが、決して万能ではない。たとえば、入社してまだそんなに時間が経っていない部下に、部下自ら考えさせるような質問をしても、引き出しが空っぽで答えに詰まってしまうことが多いだろう。経験の浅い部下には、力を引き出すことよりも、基本的な知識や仕事のやり方を身につけさせるほうが先決だ。

仕事の手順をひとつずつ教え込むようなアプローチを「ティーチング」という。マネジャー自身が教えても、先輩社員に教えさせてもいいが、段階を踏んで丁寧に教えることで基礎的な力を着実につけさせるのがティーチングの目的だ。**経験が浅い段階では、コーチングはいったん封印し、とにかく基礎を叩き込むことを主眼にしないと部下は戸惑ってしまう**。そして経験を積むとともに、徐々にコーチングを取り入れ、その比率を増やしていく。

〈経験の浅い部下にはティーチングを活用〉

●ティーチングとコーチングの違いを把握する

新入社員や経験の浅い社員にコーチングのアプローチをしても、引き出しがないため、戸惑うだけの結果になる。

ティーチング

仕事にかんする知識や基本的な業務の進め方をひとつひとつ教え込んでいくようなイメージ

主に新入社員や経験の浅い社員に有効

コーチング

相手の能力を引き出すようなアプローチが中心。基礎が身についていることが前提になる

ある程度知識がある社員や中堅以上の社員に有効

●経験を積むごとにアプローチを変えていく

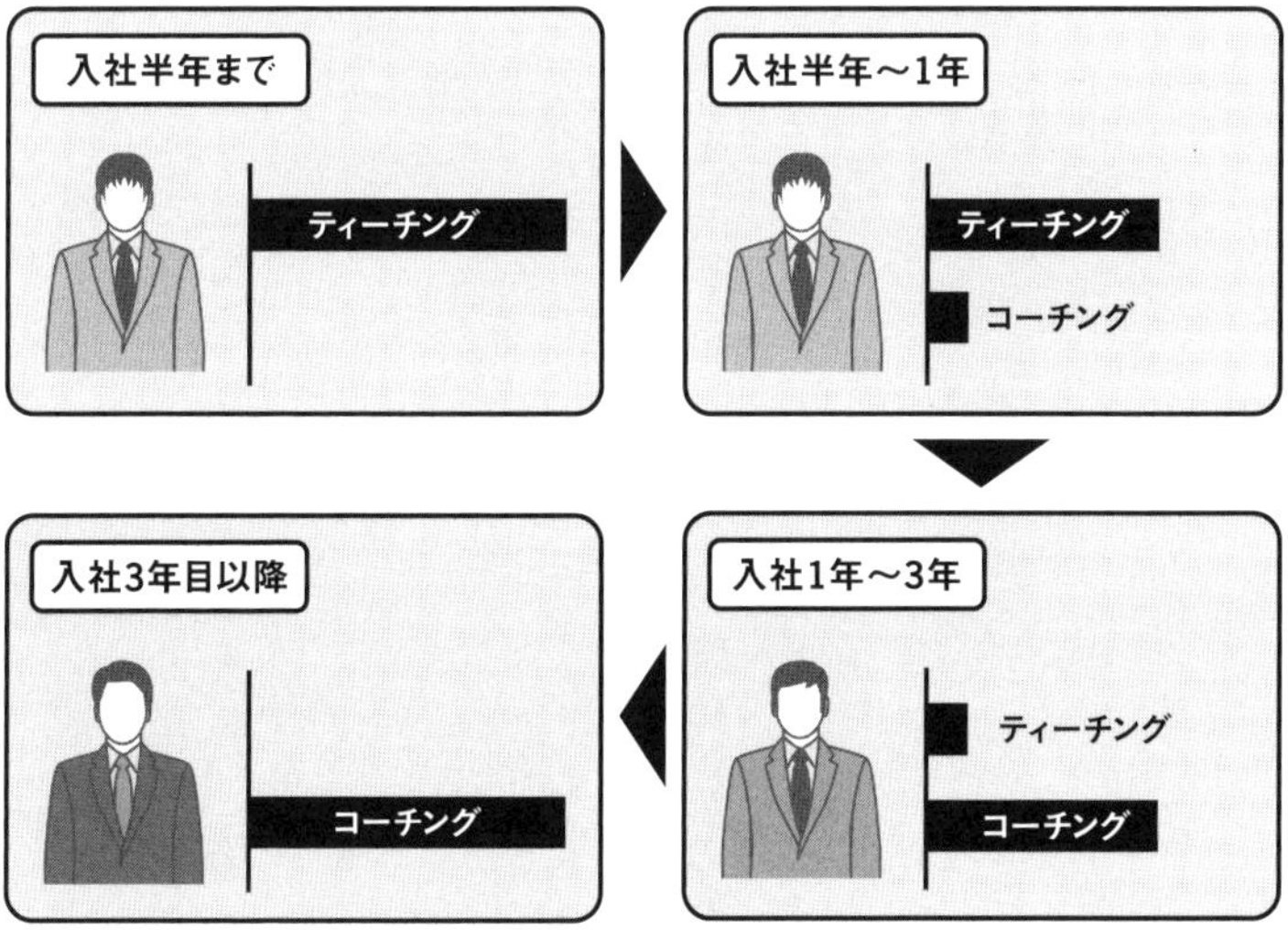

CHAPTER 5-06

タイプ分けにこだわりすぎない

「決めつけ」のレッテルには要注意

タイプという「型」ではなく「尺度」を用いる

人材のタイプを考慮して育成することは有効だが、人間はそもそも十人十色で、ひとりとしてまったく同じタイプの人はいない。タイプ分けにこだわりすぎて、「お前はこうだ」と決めつけた育成をするのは問題だ。とくに早い段階でタイプという枠にはめてしまうと、**「この人はこういう人だ」というレッテルを貼ることにもなってしまい、新たな面に気づきにくくなってしまう**という欠点もある。

育成という視点で人材への理解を深めるには「経験」「技術」「意欲」といった仕事に関連深くて成長性のある事柄について着目し、それが高いか低いか、十分か不十分かといった視点で検討することが大切だ。技術が低ければそれを高めるような課題を与え、意欲が不十分ならモチベーションを刺激するようなアプローチをすればいい。また、技術は高いが意欲は低いという場合は、高度な仕事を振るが尻は叩く……といった2つの視点を活かした接し方をするといいだろう。

〈部下のタイプはさまざま〉

●タイプ分けがぴったりあてはまるわけではない

人材は十人十色なので、無理に類型化するとラベリングなどによって誤った判断を引き起こすことがある。

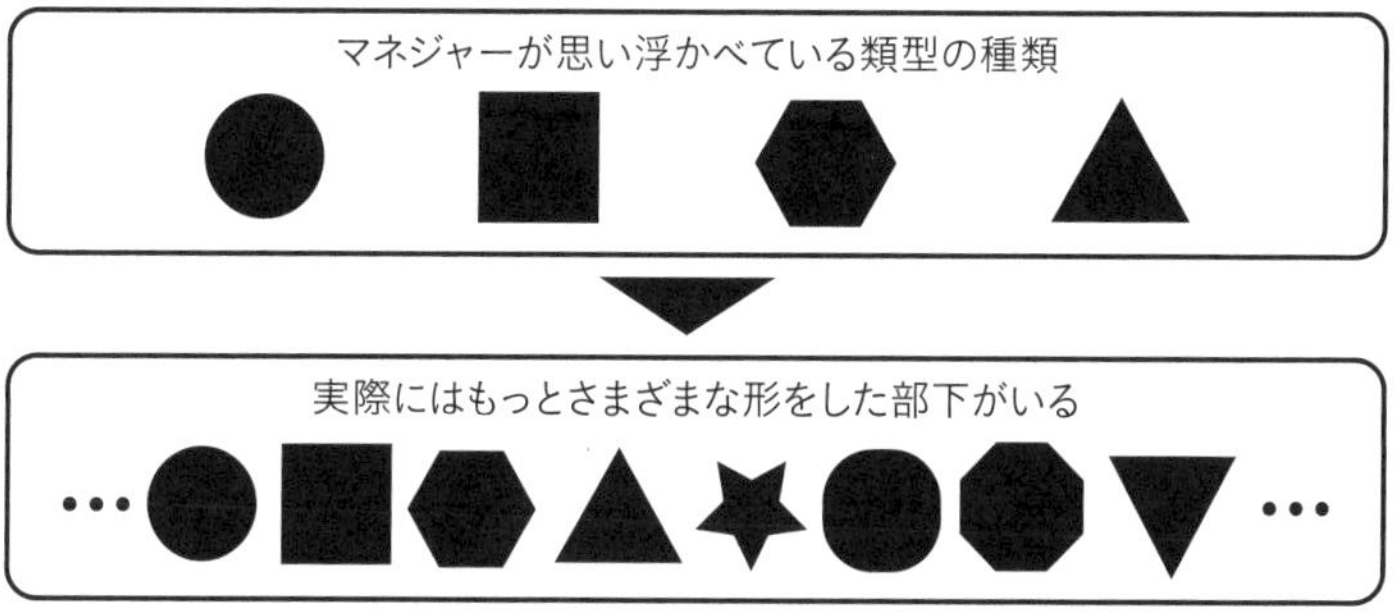

●仕事に関連深い事柄を尺度に人材を量る

無理にタイプにあてはめるのではなく、どこに注目するかという視点をもつことが大事。

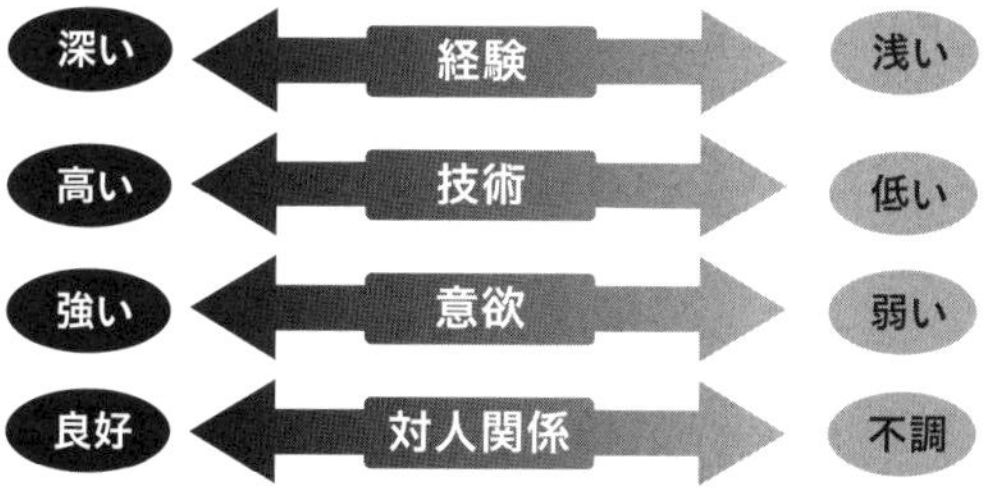

複数の視点を組み合わせると、部下ごとの指導法が浮かび上がってくる。

	意欲が強い	意欲が弱い
技術が高い	権限を委譲する	高度な仕事を振るが尻は叩く
技術が低い	技術を徹底的に仕込む	仕事を細かく指示する

「意欲」と「スキル」のマトリックスを活用する

もう少しシンプルに、2つの視点から見た人材の分類法を見ていこう。

たとえば古くから使われている「Will―Skillマトリックス」は、「意欲」と「スキル」の二軸によって、部下にどうアプローチするかを導き出すことができる。すなわち「意欲が高い」「意欲が低い」「スキルが高い」「スキルが低い」という4要素によって、「①意欲が高くて、スキルも高い人材」「②意欲は高いが、スキルが低い人材」「③意欲は低いが、スキルが高い人材」「④意欲が低くて、スキルも低い人材」という4つの人物像が浮かび上がってくる。

40ページで紹介したSL理論にも通ずる部分はあるが、①〜④の特徴に応じてリーダーは接し方を変えていく。たとえばもっとも問題がありそうな「④意欲が低くて、スキルも低い人材」の場合は、まずはやる気を高めるように促す。仕事の成果があがらなくてやる気を失っているのなら、簡単な仕事を確実にやり終えることからはじめれば、やる気も高まってくるだろう。そうすれば、「②意欲は高いが、スキルが低い人材」に昇格することができる。

②の人材になれば、今度はやる気を糧にスキルを徹底的に教え込む。

④から「③意欲は低いが、スキルが高い人材」を目指していく手もあるが、**スキルを身につけるにも、やる気の有無で成果が変わってくる**ため、④の人材は「④→②→①」へと導いていくほうが育成しやすいだろう。

〈Will-Skillマトリックスによる分類〉

●「意欲」と「スキル」により４つの人物像が浮かび上がる

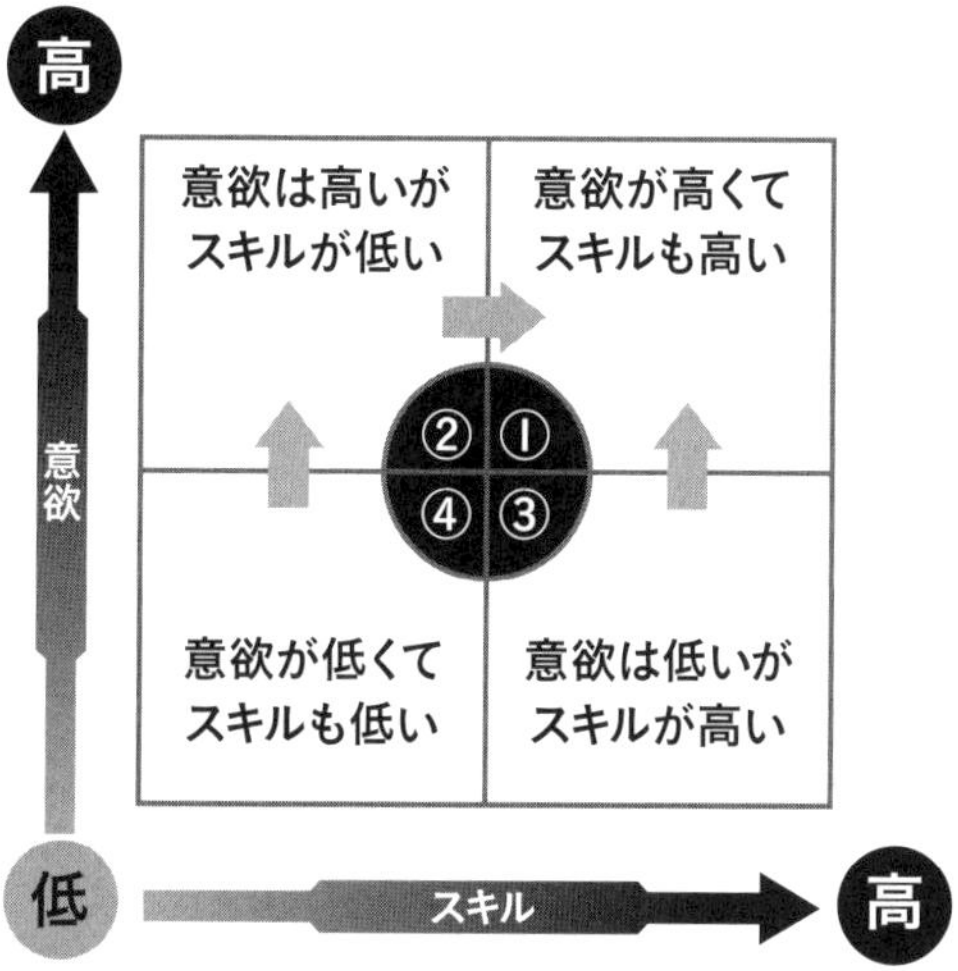

「意欲が低くて、スキルも低い人材」は、まず意欲を高めて「意欲は高いが、スキルが低い人材」に昇格させ、最終的に「意欲が高くて、スキルも高い人材」に育て上げる。

タイプ別の接し方

①意欲が高くて、スキルも高い

権限委譲を進める。③に転落しないように意欲を刺激する

②意欲は高いが、スキルが低い

技術を徹底的に教えつつ、意欲はキープできるよう働きかける

③意欲は低いが、スキルが高い

マネジャーが適切に評価するなど、意欲を高めるよう働きかける

④意欲が低くて、スキルも低い

簡単な仕事を着実に実行させるなど、まず意欲を高める

「コミットメント」と「クリティカルシンキング」による分類

「意欲が高くて、スキルも高い人材」のように、誰が見ても有能な人材が存在するいっぽうで、一見批判がましくトラブルメーカーのように思えるが、じつは集団によい影響を及ぼす人材も存在する。たとえばカーネギーメロン大学のケリーは、「コミットメント（義務感や信任）」と「クリティカルシンキング（批判的な考え）」の二軸によって、次のようにフォロワーを分類している。

①模範型……コミットメントもクリティカルシンキングも強い。
②批判型……コミットメントが弱く、クリティカルシンキングが強い。
③盲従型……コミットメントが強く、クリティカルシンキングが弱い。
④消極型……コミットメントもクリティカルシンキングも弱い。
⑤官僚型……コミットメントもクリティカルシンキングも中程度。

マネジャーから見て扱いやすいのは、イエスマン的な雰囲気がする盲従型やバランスがとれた官僚型かもしれない。しかし、**組織によい影響を与えるのは、マネジャーを立てながらも、疑問に思ったことは批判してくるような模範型だ。**

消極型や批判型のフォロワーを、よりよい存在に育てていくのもマネジャーの仕事だが、次世代を担うリーダー候補として、模範型のようなフォロワーに目をかけることは、組織の浮沈を左右するほど重要なことだ。

〈フォロワーシップの分類〉

●コミットメントとクリティカルシンキングの二軸で評価する

模範型、批判型、盲従型、消極型、官僚型の5タイプに分類できる。

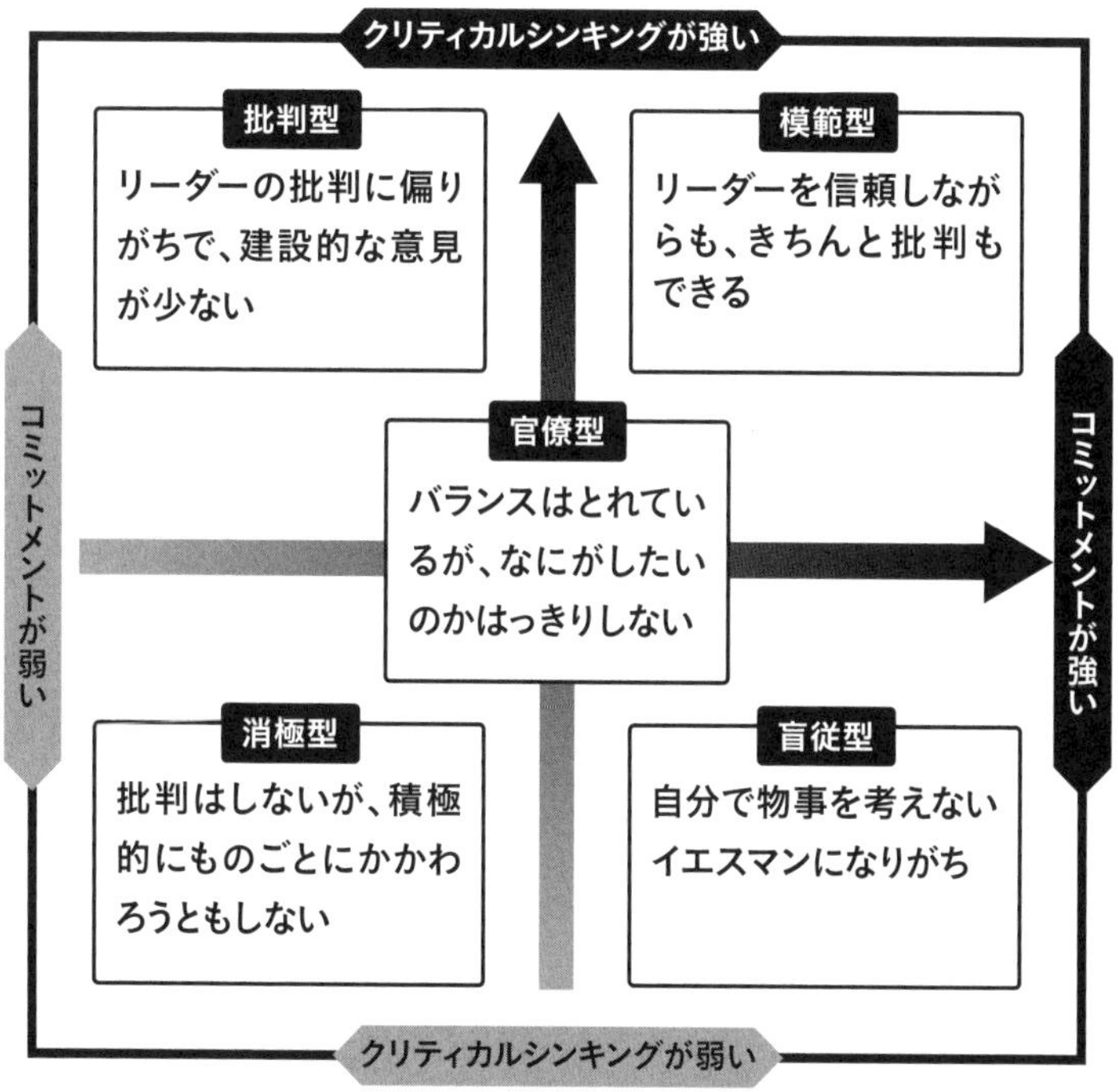

模範型のようなフォロワーは、マネジャーに建設的な意見を出すことができ、人材育成においても望ましい影響を与えることが多い。

ダイバーシティマネジメントを意識する

多様性を見据えた人材育成

拒絶、同化、分離、統合という流れを踏む

近年、ジェンダーや人種、年齢などの多様性を活かして組織の変革を促すダイバーシティマネジメントが注目されている。経営層のみならず、現場で働くマネジャーも多様化の波に対応していかなければならない。もちろん人材育成にかんしても、多様な人材の育成を担うことになり、その土台づくりにもなるのがダイバーシティマネジメントである。

ダイバーシティマネジメントは「①拒絶」「②同化」「③分離」「④統合」という流れを踏むとされている。たとえば男性のプロパー社員ばかりで回っていた職場に、契約社員や女性社員といった異分子が入ってくると、すぐに受け入れられない場合もあるだろう(拒絶)。それをなんとかまとめるように働きかけるが、どうしても少数派が多数派に合わせる展開になってくる(同化)。やがてお互いの違いを認め、さまざまな属性の人がさまざまに活躍できるようになる(分離)。最終的にダイバーシティを積極的に活用し、**多様な価値観が尊重されて、違いを活かした新しい価値を生み出すようになる**ことを統合という。

〈ダイバーシティマネジメントとは?〉

●多様性を活かして組織をよりよい形に進化させていく

①拒絶 抵抗的

自分たちと違う属性の人たちを受け入れようとしない

②同化 防衛的

自分たちと違う属性の人をまとめようとするが、多数派の価値観を優先させたり、違いを無視したりする

③分離 適応的

違いのあることを受け入れ、メリットとして活かす。同化よりも積極的な姿勢だが、少数派は待遇面などで軽視されることも多い

④統合 戦略的

違いを積極的に取り入れ、業務の内容やプロセスを変えていくことで統合する。多様性を活かして新たな価値を創造する

※『ダイバシティ・マネジメント』(白桃書房)より著者が作成。

●ダイバーシティマネジメントのメリット・デメリット

メリット	デメリット
・メンバーの多様性により、これまでにない視点をもつことができる	・摩擦やコンフリクトを引き起こしやすい
・これまで埋もれてきた人材を、戦力として活用できる	・「暗黙の了解」といった繊細なコミュニケーションが成立しにくい
・硬直した組織に、新しい刺激を与えることができる	・標準化された手順などのバランスが崩れやすい

多様化の現状をおさえ、よりよい将来像を探る

ダイバーシティマネジメントは会社としての制度や仕組みづくりによって成否が影響されるため、マネジャーひとりの力では解決できない問題もあるが、**マネジャーが積極的にかかわることで、これまで埋もれていた戦力を活用できたり、職場のムードを高めたりすることもできる。**

男性ばかりの業種に入ってきた女性社員や、プロパー社員ばかりの職場に入ってきた出向社員、あるいは外国人を積極的に採用する会社もあるだろう。元からいた人材にとっては摩擦を起こす異分子となることもあるが、マネジャーは多様性をネガティブに捉えるのではなく、よりポジティブに変わっていくための武器と捉えなくてはならない。

よく人事管理はオーケストラにたとえられるが、ダイバーシティマネジメントは人材の個性をより幅広く発揮するための格好の機会となる。多様な人材は職場の閉塞感を一掃する力を秘めており、新たな価値観をもたらしてくれるのだ。

少子高齢化が進む現在、女性の積極登用や高齢者の再雇用といった流れは今後ますます加速し、グローバル化が推進される業界では外国人の採用も増えていくだろう。多様な部下をいかにまとめ、育てていくのかといったことは、今後のマネジャーの大きな課題である。ただ、どのような人材であっても、マネジャーは人物本位で評価し、公正に育てるという意識をもっていれば、育成の軸がブレることはない。

有期雇用の社員にどう接するか

ダイバーシティマネジメントの概念は、有期雇用の社員にもあてはまる。「有期雇用の社員はどうせすぐに辞めるし、一生懸命育てても無駄だ」という考えのマネジャーはいないだろうか。しかし、正社員と有期雇用の社員を区別してはいけない。有期雇用の社員でも契約を何度も更新して10年以上働くような人は少なくないし、やがて正社員として雇用される可能性もある。またサービス業などは比較的有期雇用の社員が多い傾向にあるが、顧客との接点を担う存在であるため、会社の顔としても成長を促さなければならない。

ただマネジャーに育てる気があっても、有期雇用の社員本人のモチベーションが低くてはどうにもならない。正社員と違って雇用期間が区切られていて、あまり先が見えない状況にある人は、どうしてもやる気が出ない場合もあるだろう。**だからこそ、マネジャーが評価という形で頑張りに報いなければならない**。正社員同様に、頑張ったときはきちんとねぎらい、心から感謝をあらわすことが大事だ。

また、行動をただすべきときは、きちんと指導しなくてはならない。契約が終わったら切ればいい……などと安直に考えず、次の契約を更新したくなるような人材に育てるという気概をもちたい。そういったマネジャーの本気の姿勢が心に響く人もきっといるはずだ。有期雇用の社員を次々に入れ替えるよりも、長く働いてもらい、ともに成長していけるような関係を目指したいものだ。

中途入社の社員は職場を変える可能性を秘める

職場のメンバーにとって身近な異分子となりやすいのは、中途入社の社員だ。中途社員は即戦力になることを期待されがちだが、だからといって育成をおろそかにしてよいわけではない。中途入社の社員自身も、自らが即戦力として期待されていることを承知しているため、周囲の人たちから支援を受けたくても、遠慮してしまうようなところがある。その結果、前職での経験をもとに仕事を進めて、思わぬ問題を引き起こす可能性もあるだろう。

また中途社員は、長く働く部下に刺激を与えてくれる存在でもある。同じ職場でずっと時間をともにしているメンバーは、暗黙知の共有をはじめ、言葉に発しなくても通じるさまざまな情報やルールをシェアしている。これには以心伝心的な側面もあり、互いに仕事を進めやすくなるいっぽうで、職場の常識に凝り固まって、新たな発想や疑問が生まれにくくなってしまう原因にもなる。中途社員は、そういった環境に風穴を開ける存在でもある。たとえば中途社員による疑問出しは、職場に横たわるさまざまな前提条件を覆すことにもつながるが、それを疎んじるようなマネジャーは部下を成長させることなどできない。これまでの前提を覆すような疑問は、部署全体を一気に成長させるための機会になる可能性もあるわけだ。それだけに、**マネジャーは部署の「お約束事」に異を唱えるのがはばかられるような状況だけはつくってはならない**。マネジャーのほうから積極的な発言を促すなど、力を借りる働きかけをするべきだ。

CHAPTER 6

人材再生と
適材適所の配置

CHAPTER 6-01

マネジャー自らダメな部下をつくらない

上司が頑張りすぎると部下は育たない

部下の資質がすべてではない

やる気のない部下がいる、ローパフォーマーをなんとかしたい……そんなふうに部下に対して悩みを抱くマネジャーは少なくない。しかし、それは本当に部下が悪いのだろうか。部下の資質的な問題も少なからずあるだろうが、マネジャー自らダメな部下をつくり出している可能性についても考える必要がある。たとえばマネジャーが部下に対して期待をかけていない、部下に間違った教え方をしているといった接し方のほか、**マネジャーが頑張りすぎているから部下が無気力になる**ケースも意外と多い。

頑張ってなにが悪い、と感じた人もいると思うが、マネジャーというポジションからくる重圧から「自分がすべて責任をもってやらなければいけない」と仕事を抱え込み、部下に任せるべきことにまで介入してはいないだろうか。その結果、部下に権限を与えなかったり、過剰な進捗報告をさせたりして、部下のやる気を削ぐ、信頼感を損なう、責任感を奪う……といった悪循環にハマっていくことも多いのだ。

〈部下をダメにするアプローチ〉

●マネジャーの誤ったかかわりがローパフォマーを生む

部下に対して期待をかけていない

誤った教え方をしている

部下に遠慮しすぎている

マネジャーが頑張りすぎている

▼

すべてローパフォーマーを生む原因になり得る

●マネジャーが頑張りすぎるとなにが悪いのか？

自分が全部やらなければ！
自分に全責任がある！
マネジャー

▼

- マネジャーが責任を背負いすぎて、部下の責任が軽くなる
- 部下に任せ切ることができず、信頼関係を結べない
- 部下は頑張っても口出しされるので、適当にやってしまう

マネジャーは部下に仕事を任せるのも、自らの責務だと思いたい。

部下を信じないから負のスパイラルにはまる

部下には期待できないから、つい自分で抱え込んでしまう、そんなマネジャーもいるかもしれない。ただ、はじめから部下にまったく期待していなかったマネジャーはいないはずだ。最初は部下に期待していたが、なにかのきっかけで期待をかけなくなるというパターンが多いのではないだろうか。

たとえば部下が大きなミスをする。マネジャーとしては部下に同じ間違いを繰り返してほしくないから、必要以上に管理を強化し、進捗について何度も確認したり、余計なことにまで口を出したりすることはありがちだ。マネジャーとしては当然の対応にも思えるが、部下にとっては「マネジャーが信頼してくれない」あるいは「自分は能力がないと見なされている」と感じるかもしれない。場合によっては「どうせ口出しされるのなら、もうマネジャーの言う通りにしよう」と自発性を失ってしまう可能性もあるだろう。そんな部下の姿を、マネジャーは「あいつは無気力だ」「ふてくされている」と捉え、本当に期待をかけなくなる。

マネジャーとしてはよかれと思ってやったことが、このようにマイナスのスパイラルにはまってしまうことは少なくない。**ここまで大きな亀裂が入るまでに、マネジャーは部下を信じよう、任せよう、そして期待しようという気持ちを取り戻さなければならない**。心理的なすれ違いを感じた時点で、マネジャーは自分の行動や指示の意図を部下にきちんと説明し、納得を引き出すことが肝心だ。

問題が発生したときは遠慮なく叱る

部下に関与しすぎるのはまずいが、かといって遠慮しすぎるのもよくない。**要は信頼して任せたところは口出ししないが、問題が発生し部下だけでは対処できそうにないときは積極的にかかわるというメリハリが必要なのだ。**気を遣って本来いうべきことを飲み込んでいては、状況の改善は見込めない。

もちろん「部下に気持ちよく働いてもらいたい」「職場の空気を悪くしたくない」といった言い分もあるだろうが、遠慮の原因を突き詰めてみれば、自分が部下に嫌われたくないだけにすぎない場合も少なくない。部下に厳しい指摘をしたり、叱ったりすることは、マネジャーにとってやるべき責務でもある。遠慮しながら指摘したり、やんわり叱ったりしても、決して部下の心には響かないのだ。だからといって高圧的な態度で接するのもよくない。肝心なのは、マネジャーは堂々と胸を張って、自分の職務や信念に基づいて部下に接することだ。なぜ部下に厳しい指摘をするのか。嫌われるのを覚悟で叱るのか。その源にあるのは、「部下に成長してほしい」という思いでなければならない。

自分の身を振り返ってみても、若いころに上司に叱られて内心反発はしたが、あとで振り返って感謝した……という経験は必ずあるはずだ。いま嫌われることを恐れて問題を放置していては、自らの手でローパフォーマーをつくることにつながってしまう。そんな思いを胸に留めておけば、部下に遠慮しすぎることなどなくなるはずだ。

教え方が悪い可能性にも目を向ける

最後に、部下がなかなか育たないのは、そもそも教え方が悪いという可能性にも目を向けておきたい。部下のなかには飲み込みが早い人もいれば、なかなか身に付かない人もいる。一度に多くの指示を出してもマルチタスクで処理できる人もいれば、ひとつずつしか対処できない人もいる。大切なのは、**できる人を基準に考えるのではなく、誰にでもわかるように教える**ことだ。「一度に詰め込みすぎる」「教え方が早すぎる」「レベルに合っていない難しい仕事を教えようとしている」といったことはないだろうか。

また、教えるときに、部下の不安を取り除いてあげることも大切だ。責任感を植え付けようと、「これは失敗すると大変なことになる」「絶対に間違ってはいけない」といった脅しを連呼していれば、責任感ではなく恐怖感が植え付けられて萎縮してしまう。失敗をしてしまった部下に対しては、そのミスで自信を失わないようにケアすることも大切だ。ただ、ミスを繰り返す場合は、毅然とした態度で指摘する必要がある。

また、教える側の心理状態にも気を配らなければならない。たとえば忙しいときに部下を指導する際に、イライラした姿勢で教えていないか、質問を拒絶するような態度をとっていないか、一度我が身を振り返ってみるといいだろう。そして軽視されがちなのが「教える環境」だ。たとえば細かい作業をレクチャーするようなときは、なるべく注意力が保てるような静かな空間を選ぶなど、落ち着いた学びの場を用意したい。

〈正しく教えているかチェックする〉

●教え方が悪い場合もある

すぐに部下の資質のせいにするのではなく、自分たちがまずい教え方をしている可能性にも目を向ける。

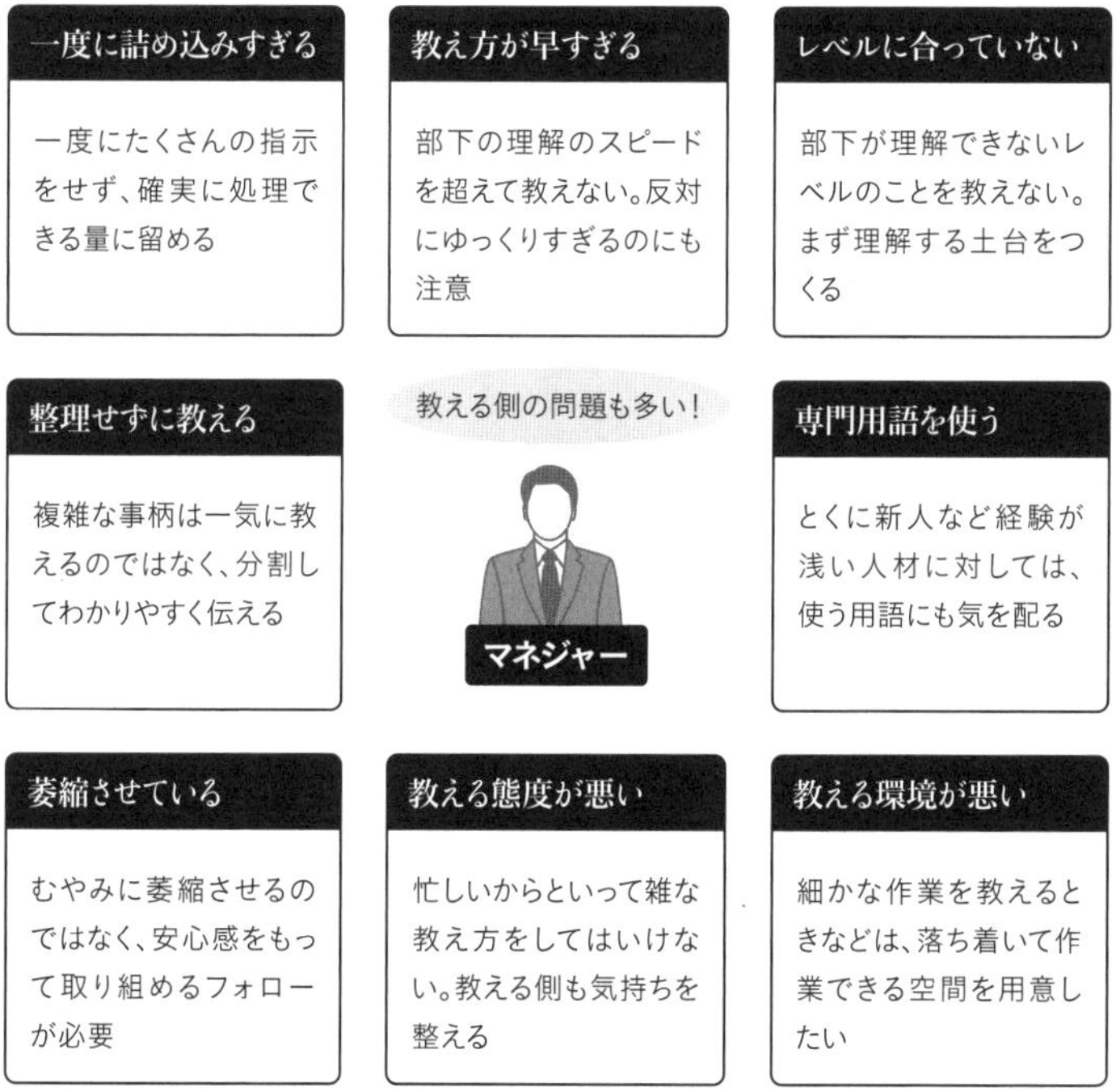

一度に詰め込みすぎる
一度にたくさんの指示をせず、確実に処理できる量に留める
教え方が早すぎる
部下の理解のスピードを超えて教えない。反対にゆっくりすぎるのにも注意
レベルに合っていない
部下が理解できないレベルのことを教えない。まず理解する土台をつくる
整理せずに教える
複雑な事柄は一気に教えるのではなく、分割してわかりやすく伝える
教える側の問題も多い！
マネジャー
専門用語を使う
とくに新人など経験が浅い人材に対しては、使う用語にも気を配る
萎縮させている
むやみに萎縮させるのではなく、安心感をもって取り組めるフォローが必要
教える態度が悪い
忙しいからといって雑な教え方をしてはいけない。教える側も気持ちを整える
教える環境が悪い
細かな作業を教えるときなどは、落ち着いて作業できる空間を用意したい

マネジャーをはじめ、教える側が少し意識することで、部下の吸収が格段によくなることも多い。

CHAPTER 6-02

無用な同調圧力を防ぐ

多様な意見の価値を認める

圧力で成長の芽を摘まないように注意する

組織という集団のなかでは、しばしば同調圧力が働き、それが部下の成長の芽を摘んでしまうこともある。たとえば自分なりにアイデアをもっていて、それが正しいと確信していても、集団が共有する考え方と違っていれば、なかなか提案しにくいものだ。

集団の圧力を端的にあらわした有名な実験がある。左ページの図のように、最初に1本の線を示し、次に長さの違う3本の線を見せて、どれが最初の線と同じ長さかを答えさせるという内容だ。見ての通り簡単な問題で、実験参加者にひとりで答えさせたときは、ほとんど間違える人がいなかった。しかし、わざと誤った答えを繰り返すサクラを混ぜると、間違える実験参加者が続出したのだ。間違えようのない簡単な問題でも、ほかの人がみんな同じように誤答を繰り返していたら、自信が揺らいでしまうのである。

同調を促すような圧力は、組織全体を間違った方向に導き、多数の人材を腐らせてしまう原因にもなりかねない。次項よりその傾向や対策について掘り下げていく。

〈集団のなかでは同調圧力が働く〉

●正しいと思っていても多数派に引きずられる

実験の概要

左のような線を見せたあと、右の3つの線を見せて、どれが最初の線と同じか判断させた。実験参加者ひとりで判断させた場合、ほとんどが正答だったが、わざと誤った答えをいう多数のサクラを混ぜると、正答率が大幅に下がった。

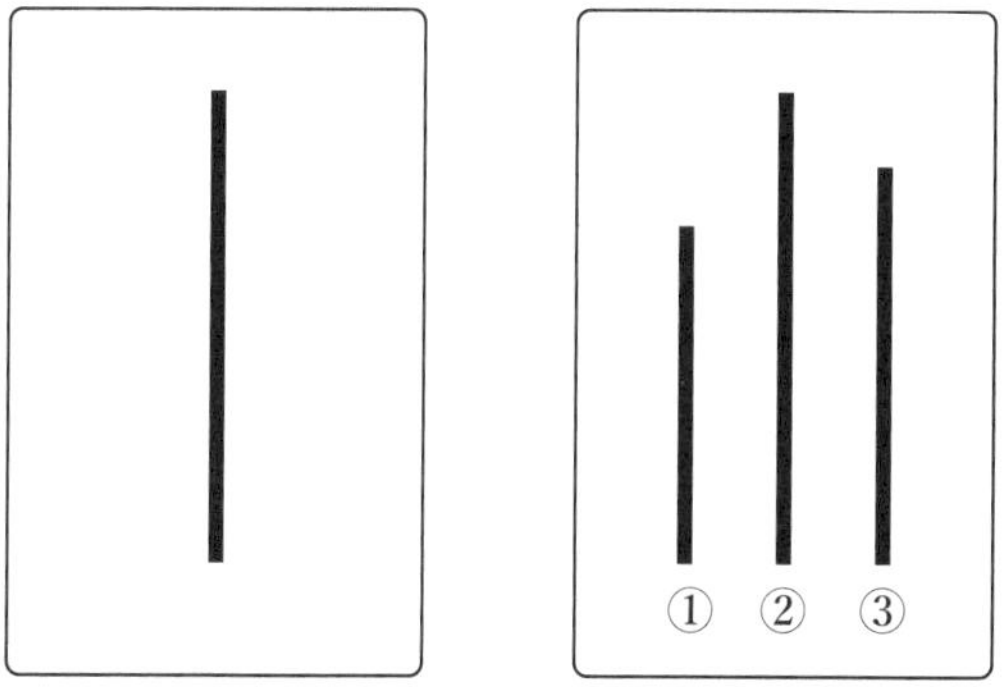

条件を下記のように変えることで、正答率が高まる

ひとりだけ正しい答えをいうサクラを混ぜる

実験参加者をひとりからふたりに増やす

この実験では、正しい答えをいう人や同調勢力に対抗する人が増えれば、同調圧力の影響が低くなることがわかっている。

満場一致を歓迎するのではなく、反対意見をいえる雰囲気づくりが大事

よくも悪くも「規範」が人を変える

同調を引き起こす影響力のなかに、規範的影響というものがある。これは集団に受け入れてもらいたい、ほかの人からの期待に応えたい、という思いからくる影響力だ。たとえば会議で満場一致のときに、反対意見を述べると空気を壊すのでは……と控えるのも規範的影響による同調だ。実際、集団に同調しない人に対し、メンバーが意見を変えるように働きかけることが判明した研究結果もある。この研究では、討論の際に逸脱した意見を表明した人がいると、ほかのメンバーは集中的にコミュニケーションを浴びせて、意見を変えさせようと働きかけることがわかっている。それにもかかわらず意見を変えないと、コミュニケーション量は減少するが、代わりに集団に留まることを拒否されるような扱いを受けることも判明した。

こういった同調は、よくも悪くも働くことがあり、たとえばぬるま湯のような職場でだらだら働いていた社員が、厳しい職場に転籍したとたん、ウソのように本気で仕事に取り組むようなこともある。こういった効果をみると、人材の再生には思い切った配置転換も有効だといえる。

いっぽうで、同調圧力が強すぎて、新しい発想が生まれてこなかったり、改革が進まなかったりするような事態にならないように注意したい。たとえば、**自由闊達な意見を述べる環境にするために、マネジャー自身が逸脱者になれば、同調圧力は低減するだろう。**

マネジャー自身の権威にも注意する

マネジャーは同調圧力に風穴を開けるくらい影響力をもった存在だが、それは会社に与えられた権限のもとに成り立っている。この権限は正しく使えばメンバーをよりよい方向に導けるが、誤って使うとメンバーを惑わせたり、自分で考える力を奪ったりすることにもなりかねない。無気力な部下がいるのは、マネジャーが権限の使いどころを間違っているせいであることも多いのだ。

心理学者のミルグラムがおこなった有名な服従実験では、普通の市民がいわれるがままに実験責任者に従い、後先を考えず他人を危険にさらす行動をとることがわかっている。これは個人が権威構造のなかに組み込まれると、自分自身の考えで行動を起こすのではなく、権威者の要望を遂行するだけの代理人であるような感覚に陥ってしまうことが原因だと考えられている。権威者の代理人だから、自分には責任はないと思い込んでしまうことを「代理状態」というが、あなたの周りにもそんな状態になっている人はいないだろうか。

代理状態はなにも実験室に限った出来事ではなく、**現実にも会社内での上下関係を使って部下に無理な要求をし、部下もいわれるがままに行動している……というケースは珍しくない**。部下にとっては、マネジャーは自らの命運を左右するほどの権力を握っていて、それゆえ場合によっては操り人形のようになってしまう可能性もあることを忘れてはいけない。

CHAPTER 6-03

人材育成に観察学習を取り入れる

モデリングと代理強化

チームによい人材が揃っていれば部下は伸びる

前項で述べたように、人は集団のメンバーからさまざまな影響を受けている。望ましい影響も望ましくない影響もあるが、マネジャー自ら望ましい影響を与える機会を増やしていきたい。たとえばほかの人の望ましい行動を見て、それを「まねぶ(真似る＋学ぶ)」ことで自分のものとする観察学習がある。

観察学習のなかに「モデリング」という概念があるが、これは集団の模範になる人物をモデルとし、日ごろの言動を模倣しながら成長していくことを指す。**伸び悩んでいる部下は優秀な先輩の下につけると、大きく成長する可能性がある**というわけだ。

また、とくにモデルを設定しなくても、ほかの人が賞賛されている姿を見て、自分も頑張ろうと思う「代理強化」による成長も期待できる。肝心なのは、周囲にモデルとしたり、憧れとなったりするような人物がいるかどうかである。人材の成長は個人の資質以外にも、周囲から多くの影響を受けているため、いかに環境を整えるかということが大切だ。

〈観察学習を人材育成に利用する〉

●人間はほかの人の姿を見て成長していく

〈モデリング〉

モデルとなる人物の態度や行動を真似ることで学んでいく

よいモデルについた場合

望ましい行動を模倣する

悪いモデルについた場合

望ましくない行動を模倣する

モデリングはプラス面だけではなく、マイナス面が模倣される場合もあるので注意する。

〈代理強化〉

周囲の人の様子を見て、自分の行動を変えていく

先輩が褒められている場合

自分も褒められるよう頑張る

先輩が叱られている場合

自分は叱られないよう注意する

代理強化は賞賛だけではなく、罰によって学ぶこともある。

人は周囲の人々のさまざまな態度や言動から学習をする。望ましい行動をとる部下が増えれば、ほかの部下もそのように染まっていく。また、もし望ましくない行動が起きたとしても、きちんと叱って行動を改めさせるなど適切に処理をすればポジティブな影響を引き出すことができる。

CHAPTER 6-04

タダ乗り社員をつくらない

「社会的手抜き」を抑制する

フリーライダーが生まれる背景をチェック

多くのメンバーを投入するようなプロジェクトでは、業務が集中する人と手が空いてしまう人が出てきがちだ。なかには忙しい人の手助けをできる状態なのに、見て見ぬ振りをして手を抜く人もいるだろう。いわゆるタダ乗り社員、フリーライダーのことだ。

フリーライダーが生まれる背景には「社会的手抜き」という現象がある。これは綱引きをするとき、ひとりでロープを引くときは全力を出すが、大勢でロープを引くと、ひとりあたりのロープを引く力が弱まる……といった現象だ。自分ひとりのときはごまかしが利かないが、大勢と協業しているときは、ついほかのメンバーに頼ってしまう。とくに怠けてもペナルティがないようなときはフリーライダーがあらわれやすくなり、頑張っている人のモチベーションを低下させる原因にもなる。

フリーライダーを防ぐには、**プロジェクトの人数が過大ではないか、仕事の配分は適正か、怠けている人を見逃していないか**といった注意点をチェックすることが大切だ。

〈社会的手抜きとフリーライダー〉

●大勢で仕事をすると社会的手抜きが発生しやすい

社会的手抜き

フランスの農業技術者リンゲルマンによる実験では、複数で綱引きをすると、ひとりあたりのロープを引く力が弱まることがわかっている。

ロープを1人で引いた場合	平均85.3kgの牽引力
ロープを7人で引いた場合	平均65.0kgの牽引力
ロープを14人で引いた場合	平均61.4kgの牽引力

大勢でロープを引くことによって、個人の努力の度合いが目立ちにくくなり、また責任も分散されるため手抜きが起こる。

同じようなメカニズムで、企業にもタダ乗り社員（フリーライダー）があらわれることも……

〈フリーライダーを防ぐには？〉

- プロジェクトの人数が過大ではないか確認する
- メンバーの仕事の配分が適正か確認する
- 怠けている社員がいないか確認する
- 頑張っているメンバーが評価されているか確認する

困った部下を望ましい方向に導く

マネジャーの積極的関与で改善する場合が多い

望ましくない状態に至った原因を探る

どんな職場にも、ひとりやふたりはマネジャーを悩ませる「困った部下」がいるはずだ。困った部下を放置していると、ほかの部下にも悪影響を及ぼすことがある。マネジャーは困った部下を望ましい方向に導くなど、適切な対処をしなければならない。

まずは困った部下がどんなタイプかを把握しておきたい。たとえば仕事に対する意欲がない。知識や技術が不足していて仕事がうまくいっていない。あるいはセクハラ・モラハラをしたり、経費をごまかすなど不正をしたりする部下もいるかもしれない。**肝心なのは、マネジャーが関与するべきか、しかるべき部署に任せるかを適切に判断する**ことだ。

単なるやる気不足や能力不足は、マネジャーの積極的関与で改善できる場合も多い。マネジャーは部下がそうなった原因を特定し、問題が部下にあるのか、環境にあるのかを見極めた上で対策を講じることが肝心だ。また、反社会的な行動を起こす部下については、マネジャーだけでは対応できないため、法務部や人事部に判断をあおぐといいだろう。

〈困った部下にもいろいろなタイプがいる〉

●部下の問題を見極めて、それぞれにあった対処をする

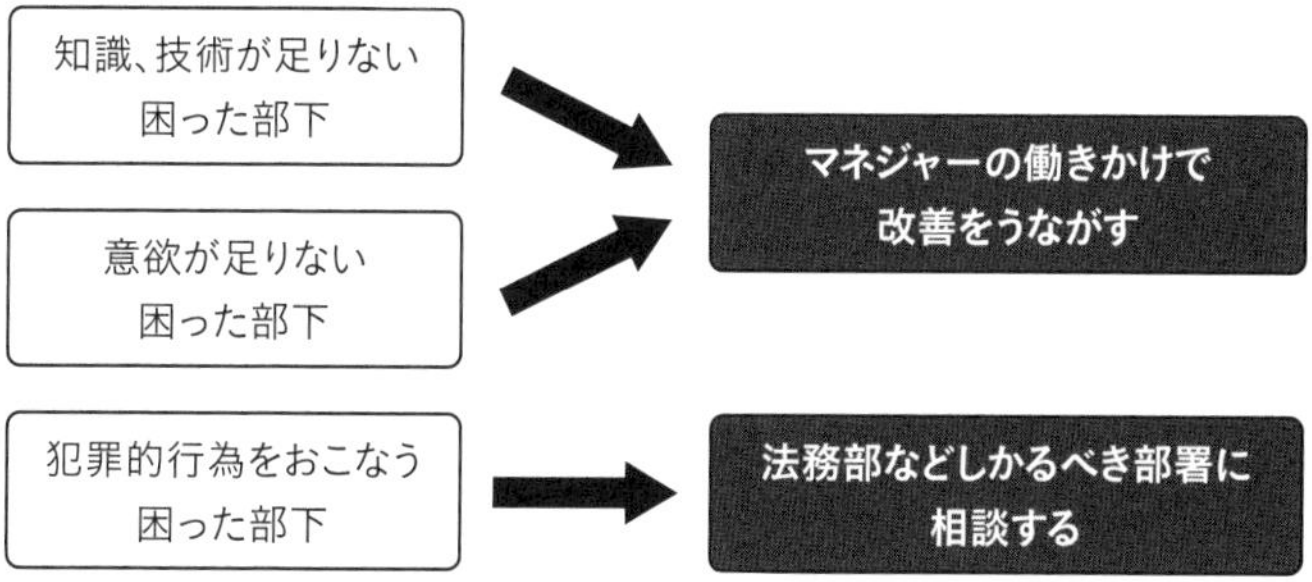

マネジャーが主導する場合と、介入しない場合を区別して考える。

●困った部下に改善をうながす流れ

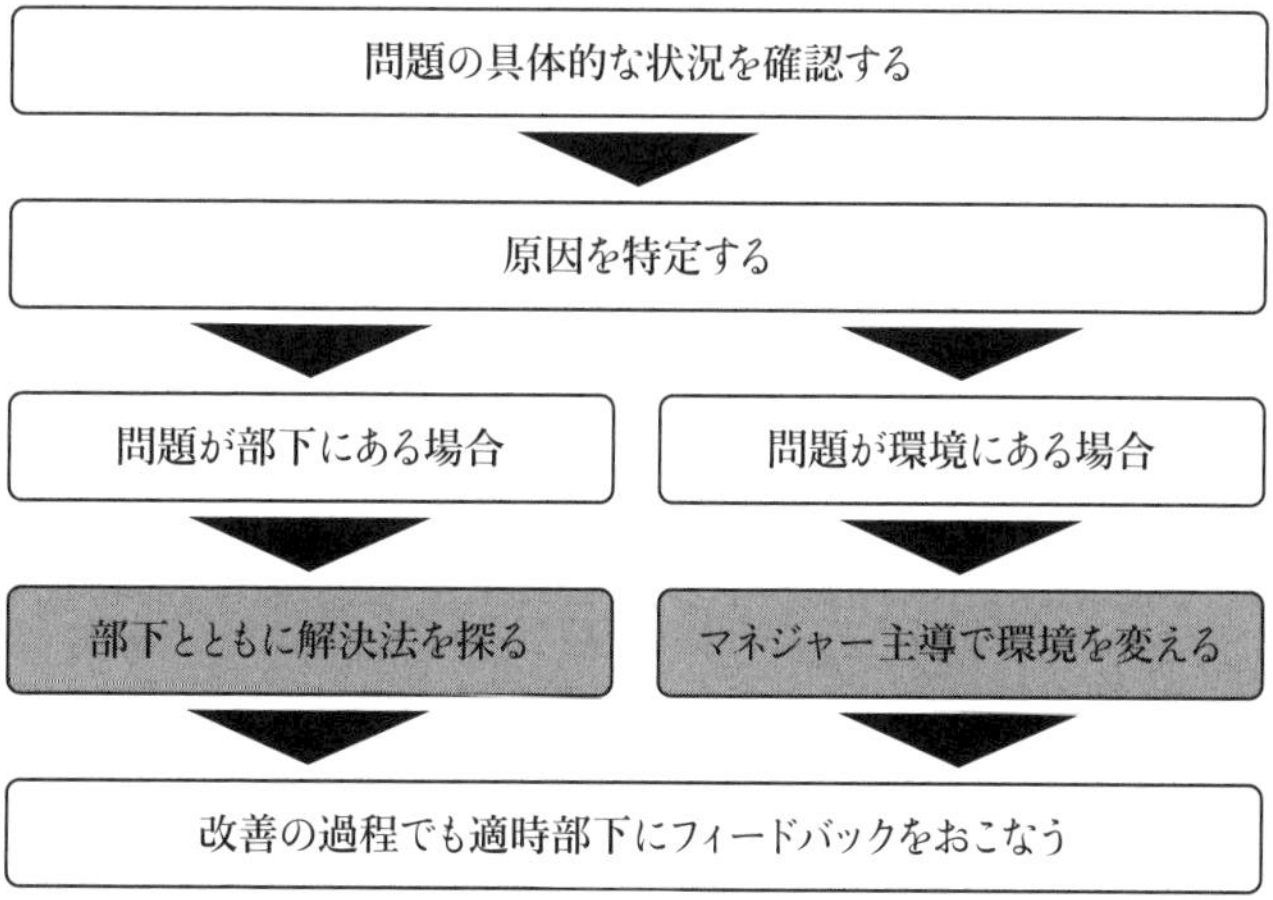

問題がどちらにあってもフィードバックは実行する。

部下本人の問題か、環境の問題かを探る

積極性がない、どうも意欲を感じられない……そんな印象のある部下をもった場合、マネジャーはどう対処すればいいのだろうか。もっとも大事なのは、**部下の積極性や意欲を感じない要因が本人にあると決めつけない**ことだ。「あいつにはやる気がない」の一言で済ませてしまってはなにも解決しないばかりか、本人以外の要因に目を向けるチャンスを失ってしまう。たとえば新たなチャレンジをすることに対し、賞賛されないばかりか、失敗したときにペナルティを課されるような職場では、積極性をもつことなどできないだろう。まずマネジャー自身のおこないも含め、部下を取り巻く環境面から原因を探ることが必要だ。

環境に原因があるときは、比較的対処しやすい。マネジャーが環境を整えたり、マネジャー自身のおこないを改めたりすることで、部下のやる気を引き出せることが多い。任せる仕事を変えてみたり、チャレンジに対し賞賛される土壌をつくったりと、マネジャーにできることはたくさんある。

いっぽう本人に問題があるときはどうだろう。たとえば「仕事のやり方がわからない」「どうせ新しいことをしてもうまくいかない」といった思考から消極的になっているのなら、必要な知識や技術を教えることからはじめるべきだろう。また「仕事はほどほどでいい」といった本人の信条にかかわることは、本人も交えて問題を認識することからはじめ、ともに「どうするべきか」ということを考える時間をもつことが大事だ。

「自己効力感」が積極性を引き出す

部下の積極性がないのは、「自信のなさ」の裏返しであることも多い。**部下に自信をつけさせるには、成功体験を重ねさせる**ことが有効だ。

マネジャーとしては、どんな部下にも積極性をもってほしいとか、自分で考えて動いてほしいといった要望があるだろうが、自信がともなっていない部下には無理な相談になってしまう。大きな成功をおさめて自信をつけるのではなく、自信をつけてから大きな成功を目指すのだ。たとえば「指示されたこと以外はできない」という部下がいたとしても、「指示されたことはできる」という見方をするなど、とにかくその成果を評価する姿勢をもちたい。そうやって自分の行動が評価されれば、部下は「自己効力感」を育てていくことができる。自己効力感とは、心理学者のバンデューラが提唱した概念で、「ある状況において自分が正しく行動できるという予感や確信」を指す。「自分にはこの仕事を成し遂げる力がある」と確信することで、新たな挑戦に向かっていくことができるというわけだ。

肝心なのは、自分がやっている仕事に対し、部下がきちんと価値を感じているかどうかだ。それにはやはり周囲の人たち、とりわけマネジャーの評価がポジティブに作用する。たとえ結果が出なかったとしても、マネジャーがそのプロセスを評価すれば、部下は自己効力感をもつことができるだろう。そのためには、マネジャーは結果だけではなく、プロセスもしっかり観察し、そして言葉に出して評価しなければならない。

締め切りを破らせないスケジュール管理のコツ

「困った部下」関連で、マネジャーの悩みの種になりやすいのが、スケジュール管理だ。部下に仕事を任せたのはいいが、締め切り間際になって「まだできていません」「締め切りを延ばしてください」などといわれたことはないだろうか。この場合も、まずは原因の特定から入るのがセオリーだ。たとえばマネジャーが部下の能力や時間的に処理できる以上の仕事をさせていないか、ということに注意する。自分が指示した仕事以外にも、部下がどのような仕事を抱えているかは必ずチェックしておきたい。また、部下の自己流のやり方で仕事を任せると、どうしても仕事の進み具合にズレが生じてしまう。たとえば仕事のプロセスを標準化できる業務については、あらかじめ手順や管理方法を決めてしまってもいいだろう。

問題が部下にある場合は、まず行動を改めるように働きかける。たとえば部下がルーズで「多少は遅れてもいい」などと思っている場合は、ひとりの仕事が遅れることがいかにほかのメンバーに迷惑をかけ、社会人として信頼を損なうことになるのか、といったデメリットをきちんと伝えることだ。その反対に几帳面すぎて締め切りに間に合わないこともある。たとえば完璧を求めすぎて作業が遅れがちになる部下には、ものごとの優先順位や取捨選択をつけることの必要性、あるいは未完よりも完成させることが重要であることを伝えたい。

また、**本人としては締め切りに間に合うと思っている場合も多々あるため、スケジュールをきちんと立てさせて、それが本当に実現可能かチェックさせる**ことも大切だ。

反抗的な部下がトラブルメーカーになるわけではない

なにかにつけてほかのメンバーに悪影響を与えるトラブルメーカー的な存在が職場にあらわれることもある。たとえば露骨にやる気のない態度を漂わせたり、無神経な発言をしたりして、ほかのメンバーのモチベーションを低下させるような部下はいないだろうか。こういった部下のなかには、自分の言動が周りに悪影響を与えていることに無自覚な人も少なくない。その部下ひとりの問題ではなく、ほかのメンバーにも波及する問題であるため、マネジャーは遠慮せず部下に改善するように働きかけなければならない。たとえば部下を別室に呼び出して「君の言動で、周りの人はこんな気持ちになっている」といったふうに、はっきり指摘すれば収まることも意外と多い。**もともと反抗的な性格をしているからトラブルメーカーになるわけではなく、他人に及ぼす影響や自分の仕事の意味について、深く考えない結果、問題社員になってしまっているケースも多々あるのだ。**

またマネジャーが仕事を頼んでも、「こんな仕事には意味がない」とばかりにやる気のない態度をとる部下もいるが、「こいつは反抗的だからいっても無駄だ」などと諦めないことが肝心だ。たとえば、全体の業務のなかでその仕事はどんな位置付けなのか、なぜその部下にこの仕事をさせるのか……といった丁寧な説明をして、場合によっては何度も説明を繰り返してでも納得させなければいけない。大切なのは、部下がネガティブな姿勢を示したからといって、マネジャーは感情的にならず、冷静に対処することだ。

CHAPTER 6-06

適切なフィードバックで問題行動をなくす

ポジティブフィードバックと改善を促すフィードバック

2つのフィードバックを使い分ける

困った部下を望ましい方向に導くには、フィードバックが欠かせない。適切なタイミングで適切なフィードバックをおこなうことで、部下は自分の行動を客観的に振り返ることができ、また自分で気づかなかった物の見方を獲得する。**とくに問題行動を改めていくような過程では、本人の認識とマネジャーの認識のズレを改めるよい機会になる。**そして本人がこれからどういう方向性を目指していくべきか、という判断の指針にもなるだろう。

フィードバックには、「ポジティブフィードバック」と「改善を促すフィードバック」がある。ポジティブフィードバックは、相手のよい行動を認めることで、自己効力感を育てたり、内発的に動機付けられた状態をつくり出したりする効果が期待でき、自信のない部下や積極性に欠ける部下に有効だ。しかし、問題行動の多い部下には褒めたり認めたりするだけではなく、改善点も指摘するフィードバックが必要になる。望ましい行動をしたときには褒めるが、改善点があるときはきちんと指摘するメリハリをつけることが大切だ。

〈適切なフィードバックをおこなう〉

●フィードバックのメリット

- 自分の行動を客観的に振り返ることができる
- 自分では気づかなかった物の見方ができる
- 人との認識のズレを修正することができる
- 目指すべき方向性が明らかになる

適切なフィードバックは多くのメリットをもたらす。

●ポジティブフィードバックと改善を促すフィードバック

ポジティブフィードバック

褒める、認めるということを主体としたフィードバック。自信のない部下や積極性に欠ける部下に有効

改善を促すフィードバック

望ましい行動は褒めたり認めたりするが、改善してほしいポイントについても言及し、必要があれば叱る

どちらも部下をしっかり観察し、事実をもとに意見を伝えることが肝心！

ポジティブフィードバックは小刻みにおこなう

では、具体的なフィードバックのポイントを見ていこう。近ごろはメールでのコミュニケーションが中心になっている会社も多いが、フィードバックは必ず対面でおこなうことを前提としたい。そして、思い立ったらすぐに行動に移すのが鉄則だ。なにか気になることがあったときに、「今度の面談のときにでもじっくり話そう」などと先送りするのではなく、**すかさずフィードバックすることを心がけたい**。時間を空けてしまうと、よいことにしろ悪いことにしろ記憶が薄れがちになり、また話のテーマ自体が別のフェーズに移っていることも多い。とくに「フィードバックするぞ！」と身構えなくても、気づいたタイミングでちょっと声をかける……といった軽いフットワークで、小刻みなフィードバックをおこなってほしい。

また、フィードバックの場所を設定するときも、気を配るべきポイントがある。基本的には、ほかのメンバーの目につかないところを選びたいが、ポジティブフィードバックのときは、大勢の前でおこなったほうが効果を発揮することも多い。ただ、舞台設定に時間がかかりそうなときは、立ち話などでさっと済ませてもいいだろう。とにかく忘れないうちにフィードバックをすることが肝心だ。いっぽう改善を促すフィードバックのときは、できれば個室を用意して、誤解のないようにじっくり話すべきだ。座る場所も、真正面ではなく、斜めに向き合うなど、部下がリラックスしやすい雰囲気をつくってほしい。

フィードバックも相手の話を引き出すことが肝要

実際にフィードバックをおこなうときは、まず相手の行動のよいところについての話からはじめるのが原則だ。これは改善を促すフィードバックのときも同様で、相手の態度が硬いときなどは、雑談から入ってもいい。

そして場がほぐれてきたら、自分からどんどん話をするのではなく、部下の話を引き出すことに注力する。**とくに相手の行動の改善を促すときに、マネジャーが断定的に話を進めると、部下はいいたいこともいえなくなる。**そして結局は、「わかってくれない」と心を閉ざしてしまうことにもなりかねない。問題の事実確認をするようなときは、本人の言い分にもじっくり耳を傾けるようにしたい。部下から不満や否定的な発言が出ても、いったんはそれを受け止めて、互いに解決策を探るような姿勢が必要だ。

マネジャーが話しすぎないことは大事だが、かといってぼんやりした話に終始していてはいけない。たとえばポジティブフィードバックをするときも、単に「よかったよ」というのではなく、どの点がよかったか、さらに「○○さんが褒めていたよ」といった具体的なエピソードを加えればより効果的だ。本書でも何度かふれているが、プロセスについてしっかり評価することも忘れないようにしたい。また、改善を促すフィードバックのときは、一度話しただけでは状況が改善されないことも少なくない。一度や二度で諦めず、何度でも根気よく、状況がよくなるまでフィードバックを繰り返すようにしてほしい。

ミドルを「下り坂」にしない

中年期もマネジャーの働きかけで能力は伸びる

若手ばかりが育成の対象ではない

不況時の新卒採用の抑制などによって平均年齢が高まり、ミドルをいかに活用するかという課題が表面化してきた組織が増えている。育成という観点から見ると、ミドルはもう成長の余地が少ないと思っているマネジャーもいるだろう。しかし、**ミドルプレイヤーは知識や技術の標準化が困難なスペシャリスト的なポジションについていることも多く、またそういったポジションでは若いときのように爆発的な能力の伸びは期待できないが、少しずつでも貴重なノウハウを積み上げていく形での能力アップは可能だ。**

マネジャーがミドルの能力アップに寄与する方法はさまざまだが、たとえばミドルの暗黙知を形式知に変換するプロジェクトを立ち上げるなどしてモチベーションを刺激することはできる。また、ミドルのなかにはこれまでの育成が不十分で伸びしろが残っている場合もあるだろう。あるいはプレイヤーからリーダーへと育成のステージを転換することで、頭打ち感を打破することも可能だ。

〈ミドルも人材育成の対象になる〉

●適切な働きかけで能力は伸び続ける

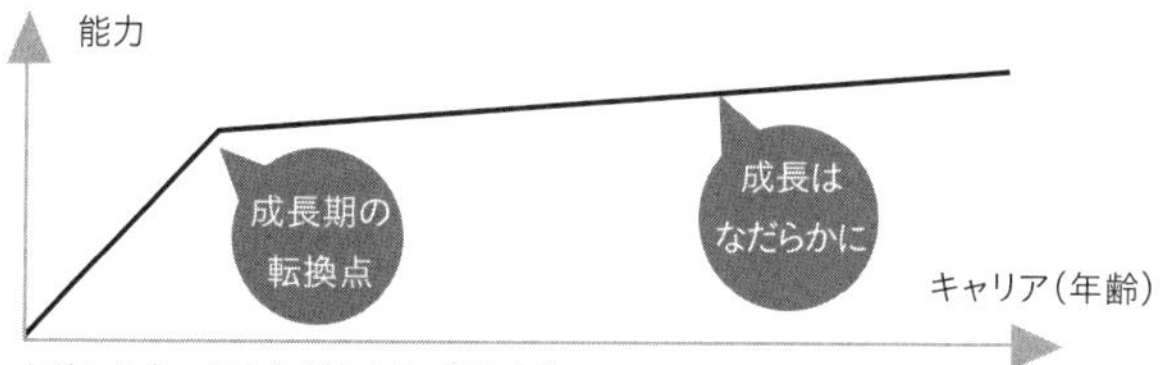

ミドルになってもなだらかに成長する。

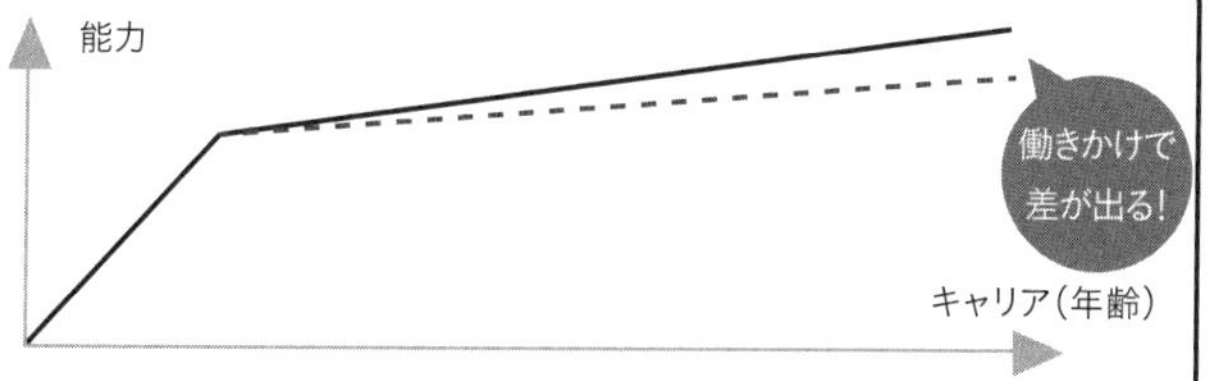

マネジャーがモチベーションを刺激したり、これまでの能力を活用できるミッションを与えたりすることで、成長の度合いを引き上げることも可能。

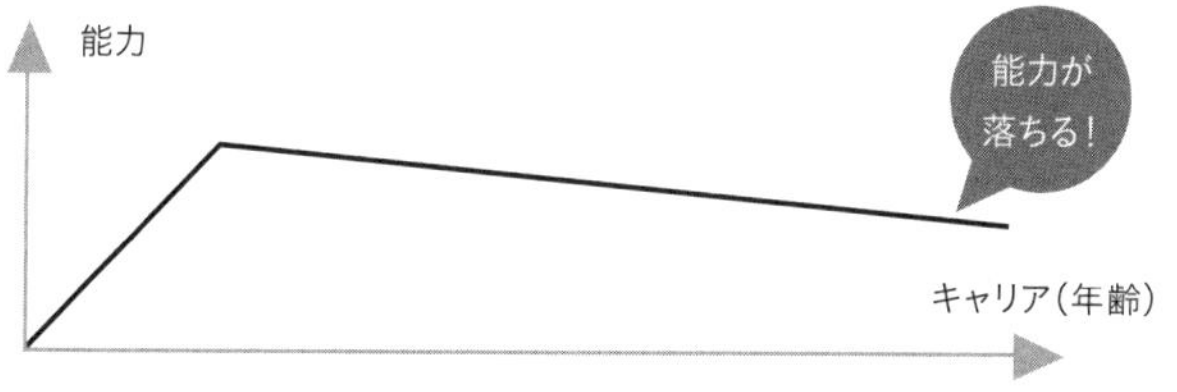

ミドルは気力や体力が衰えてくる時期でもあるので、モチベーションの低下を放置したり、マネジャーが期待を寄せなかったりすると、成長どころか下り坂になることも。

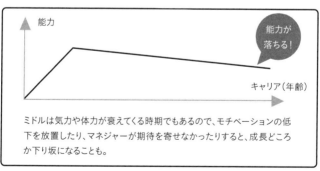

ミドルが培ってきた価値を活かす

ミドルの成長スピードが鈍化する理由は、プレイヤーとして学ぶことが少なくなったり、体力や吸収力が衰えはじめたりすることもあるが、根本的な原因は意欲が欠如していることにある場合が多い。とくにプレイヤーとして同じ職場で長く働くミドルは、毎日がマンネリ化していて、ただ日々を無難に消化していけばいい……という心境になっているケースも少なくないようだ。

こういった場合、ミドルの経験を活かせる大きなミッションをマネジャーと共有するなどして、日々のモチベーションを高めていかなくてはならない。たとえばプレイヤーとして実績があるミドルなら、リーダーとして後進の指導にあたらせたり、あるいは142ページで紹介したSECIモデルを回すための中心人物に任命したりと、人材育成に関与させてみるのもひとつの方法だ。

なかにはマネジャーやリーダーになれる機会を逃したミドルや、そもそも管理職的な仕事に興味を示さないミドルもいるだろう。そういったミドルに対しても、**その人が長年培ってきた価値を認め、それを活かすようなミッションにかかわってもらう**ことを基本として考える。たとえばミドルの多くは、若い社員にはない社内外の人脈を築いている。長年のコミュニケーションで培った人間関係を、若手社員とともに新たな価値に転換していくような機会を与えれば、きっとミドルの活力アップにつながるだろう。

年上の部下にはことさら「上下関係」を意識しない

マネジャーのなかには、自分より年上の部下をもっている人も少なくないだろう。ミドルの力を活用しようと思っても、年上だからと遠慮してしまい、いまひとつうまくアプローチできない……といった状況に陥ってはいないだろうか。しかし、年上の部下だからといって、マネジャーのほうから変に特別扱いしていてはいけない。「上司と部下」という上下関係をことさら意識するのではなく、「マネジャーとメンバー」というお互いに力を合わせて仕事を進めていく関係だと再認識すれば、年上の部下に対するぎこちなさも軽減されるはずだ。

そもそも年上の部下は、マネジャーが思うほど難しい存在ではなく、上司を立てて日々の業務を着実にこなしてくれる人がほとんどだ。マネジャーのほうが無闇にへりくだったり、あるいは上下関係を意識しすぎた接し方をしたりせずに、ともに仕事を進めていく同僚という感覚で接すればなんら問題はない。

しかし、なかには上司に反抗する態度を見せたり、スタンドプレーをしたりする「困った年上部下」もいるだろう。この場合、相手に対して遠慮するのは禁物だが、だからといって高圧的に対処するのも間違いだ。**マネジャーは冷静かつ常識的な態度を心がけ、年長者に対する敬意を忘れず、慎重に言葉を選んで注意する**など、ルール違反についてはきちんと指摘したい。

CHAPTER 6-08

環境を変えて部下に変化を促す

ジョブローテーションとジョブアサイン

新たな刺激が成長を引き出す

　組織で働く人たちにとって、人事異動や配置転換は避けられないものだ。実際に異動する本人にとっては、慣れた仕事から未知の仕事に移るのだから抵抗があるだろう。また、マネジャーにとっても、戦力になるまで育てあげた部下をもっていかれるのは辛い。しかし、**人事異動や配置転換は人材育成に欠かせないもので、さまざまな効果が期待できる。**

　たとえば、これまでとは違った職務を経験することで知識・技術の幅が広がり、適応力も発達していくだろう。また手元の仕事だけではなく会社全体の業務を俯瞰することにも役立つ。これまでと人間関係が異なる仕事に取り組むことで、社内外の人的ネットワークも発達する。また、新しい仕事に取り組むからには、新たに勉強をすることも必要になる。慣れた仕事をこなす日々で眠っていた向学心が刺激される場合もあるだろう。

　右記のようなメリットは部署をまたぐ異動だけに限らず、マネジャーが直接統括する部署内でのジョブアサインや職務転換でも同様の効果が期待できる。

〈人材の配置を動かして成長を促す〉

●部署や職務が変わる機会を活かす

ジョブローテーション

社員の能力開発を目的に、定期的に社員の部署を異動させる。人事異動や配置転換と同義だが、戦略的な色合いが濃い。

ジョブアサイン

マネジャーレベルで部下に職務を振り分けるため、より細やかな視点で部下に必要な環境を吟味できる。

●部署や職務が変わることのメリット

- さまざまな職務の経験を通して、知識や技術の幅が広がる
- 未知の部署に溶け込み、仕事をこなしていく適応力が高まる
- 新たな人間関係のなかで、社内外のネットワークが広がる
- 別の視点をもつことで、会社の業務を俯瞰的に捉えられる
- 新たな業務に必要な勉強をすることで、向学心が刺激される
- いろいろな仕事を通して、自分の適性を見極めることができる

部署や職務が変わると、部下には多大な負担がかかるが、
それは同時に成長を促す機会となる。

マネジャーの温かい言葉が前向きな異動を実現する

人事異動や配置転換は部下の成長を促すきっかけになるが、同時に心理的な負担が生じるイベントでもある。人事異動の対象になった部下は「自分は飛ばされたんじゃないか」と感じることもあるだろうし、職務を変えられた部下は「自分がなにかミスをやったから変えられたのでは？」と思い悩むこともあるだろう。部下を他部署に送り出したり、職務を変更したりしたときは、マネジャーによる説明が欠かせない。**それも単なる通達ではなく、心を込めた説明だ。**

新しい職場や職務についたときに、馴染むのに時間がかかるのは仕方がないことだが、前向きな気分で臨むのと、後ろ向きな気分で臨むのとでは、落ち着くまでに大きな差が出るはずだ。たとえ新しいマネジャーや同僚から歓迎の意を示されても、やはり元のマネジャーから真意を聞かないと安心はできない。「君とはもっと長く仕事をしたかったが、異動先のマネジャーから強い要望があってね」「この職務は君が担当してくれたおかげで大きく伸びたが、君のキャリアを考えると、別の職務も知っておくべきだ」といった具合に、ポジティブなメッセージを送りたい。

肝心なのは異動や職務の変更によって、「その部下にどんなメリットがもたらされるのか」という部分をきちんと説明することだ。そして、**新しい仕事でも結果を残せるはずだという励ましと期待を込めて送り出す**ことを心がけたい。

人材の育成や再生を主眼にアサインする

ジョブローテーションは基本的に人事部の主導でおこなわれ、マネジャーも意見を述べるなど多少の影響力はもつが、そう大きな権限はないことが多い。対してジョブアサインは、マネジャーの腕の見せどころといってもいい業務で、部下の資質や今後の育成計画を見据えた職務の割り振りをすれば、大きな成長につながることも珍しくない。また、ほかの職務で結果を出せなかった部下を再生する機会にもなる。

ジョブアサインは単なる「向き、不向き」で決まることもあるが、メンバーのキャリア形成を左右するほどの影響力をもつため、慎重に割り振ることを心がけたい。たとえば「有望な社員の異動で空いてしまったポジションの穴をどう埋めよう」とか、「この職務にどの部下をアサインすればもっとも売上があがるだろうか」といったことばかりに目が向きがちだが、人材育成や人材再生という視点を忘れず、部下の将来も見据えて検討するべきだ。

適切なジョブアサインをおこなうには、152ページで紹介した育成カルテを活用するなど、人材の強みと弱みを把握することが肝心だ。単に強みを伸ばすだけではなく、弱みを克服できるような職務を与えれば、総合力を高めることもできる。**部下にしてみれば苦手な業務に放り込まれて不満もあるだろうが、マネジャーが納得感のある説明をすれば、前向きに取り組むことができる。**

CHAPTER 6-09

部下からコミットメントを引き出す

モチベーションより育成に直結する概念

長期的、広範囲に作用する動機付け

本書の最後に、人材育成にも人材再生にも強力に作用する「コミットメント」を取りあげたい。コミットメントと似た概念として、56ページなどで「モチベーション」について紹介したが、ビジネス書では双方とも動機付けに紐づく要素という意味で使われることが多い。このあたりの解釈はさまざまだが、モチベーションは短期的、限定的な動機付けという意味合いが強く、**コミットメントは長期的に持続し、作用する範囲もずっと広い**というイメージをもってほしい。たとえば、自分が企画したイベントが採用されて準備に燃えているときはモチベーションが高まっている状態だが、イベントが終わるとモチベーションも低下してしまう。いっぽうコミットメントは、イベントの準備という作業より大きなマーケティングの仕事自体に魅力を感じていて、「マーケティングは天職だ！」と自ら信じるような状態だ。

では、コミットメントはどのように引き出せばいいのだろうか。経営学者のカッツェンバックは左にあるような5項目をカギとして挙げている。次項から詳しく説明していこう。

〈人材の育成と再生はコミットメントがカギ〉

●モチベーションとコミットメントの違い

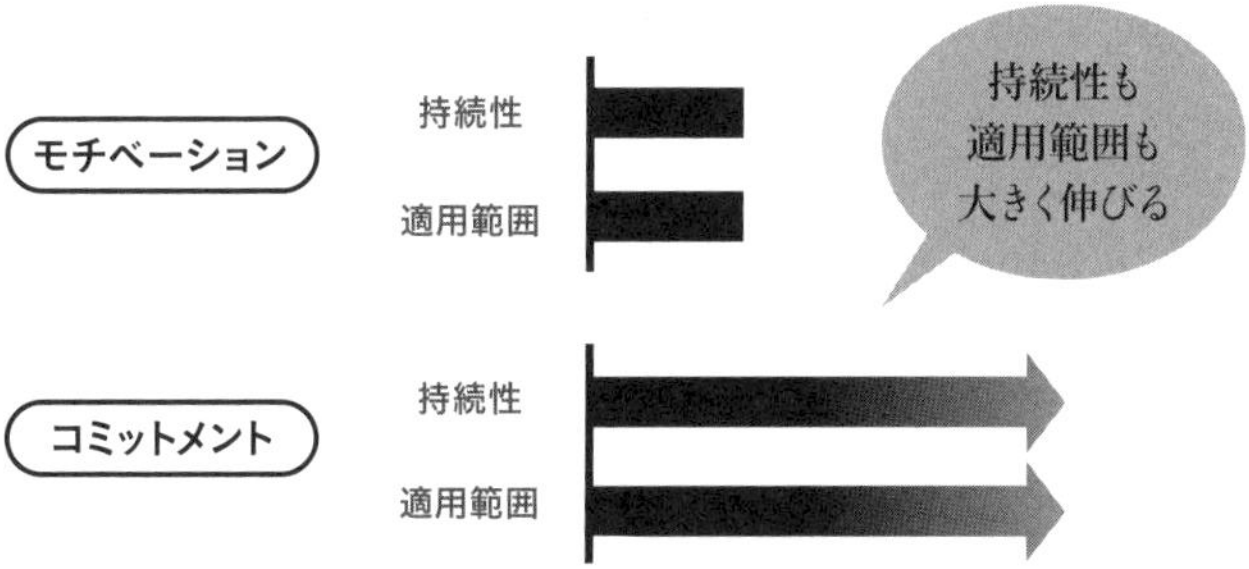

モチベーションとコミットメントはどちらも動機付けに関連した概念だが、持続性、適用範囲が大きく異なる。

●コミットメントを引き出す5つの要素

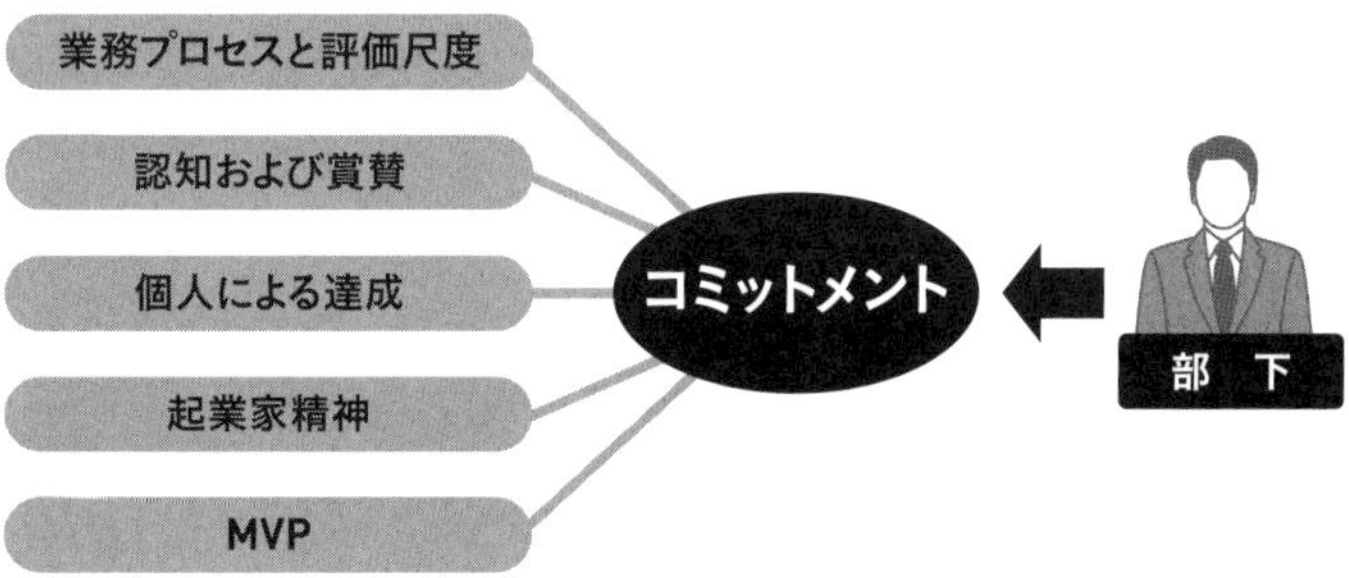

カッツェンバックはコミットメントを引き出す手段として、「業務プロセスと評価尺度」「認知および賞賛」「個人による達成」「起業家精神」「MVP」の5要素を挙げている。

コミットメントを引き出す5つの手段

カッツェンバックはコミットメントを引き出す「パス」として、次の5つの要素を挙げた。

①業務プロセスと評価尺度
②認知および賞賛
③個人による達成
④起業家精神
⑤MVP（ミッション、バリュー、プライド）

順に説明していこう。「業務プロセスと評価尺度」は、簡単にいえば仕事の流れや評価基準をわかりやすく部下に示すということだ。これがおろそかになると、部下はどのように仕事をすれば成果をあげられるのか、また、どうすれば評価されるのか、といったことがわからなくなってしまう。

2つめの「認知および賞賛」は、本書でも折にふれて述べてきた要素だ。自分のやっている仕事には価値がある、素晴らしい仕事だと心から思う……といったことを実感できるようなコミュニケーションがある職場にコミットメントは生まれる。

3つめの「個人による達成」は、読んで字のごとく部下が仕事を通して成長しているという実感をもつことだ。この会社にいても自分は成長しない……という閉塞感をもっている人からはコミットメントは引き出せない。

使命、価値観、信念を示すのがマネジャーの仕事

４つめの「起業家精神」は、単に独立志向が重要だという意味ではなく、自ら仕事をつくり出したり、この仕事は自分のものだという実感をもっていたりすることに本質がある。起業家が寸暇を惜しんで自分の仕事に没頭するように、「この仕事は、自分が責任をもって完遂するべきものだ」という感覚をもっている人はコミットメントした状態だといえる。

そして最後の「ＭＶＰ」は、**ミッション、バリュー、プライド**の頭文字をとったものだ。ミッションは使命、バリューは価値観、プライドは信念という意味があるが、この３つをもつことは強固なコミットメントに直結する。

以上、５つのコミットメントを引き出す要素を紹介したが、どれもマネジャーのかかわりが重要だということにお気づきだろうか。コミットメントを引き出すには部下の資質も大切だが、それ以上に周囲の人たちがいかにかかわって、いかに環境を整えるかということがカギを握るのだ。

とりわけＭＶＰは、マネジャーが部下にどのような使命を与え、どんな価値観を提示し、いかに信念に結びつけるのか……という働きかけなしにはもち得ないだろう。簡単なことではないが、それだけに強固なコミットメントを醸成させることができるだろう。

コミットメントは、**これまでローパフォーマーだとされていた人間を生き返らせるほど強力な効能がある**。ぜひ人材が本来もつ力を信じて、コミットメントを引き出してほしい。

おわりに

ダイバーシティマネジメントが当たり前となった昨今、組織の人材は多様化の一途を辿り、ひとりとして同じ人材は存在しない。人材育成の知識や技術も、人材の個性にあわせて柔軟に使い分けていく時代となった。本書では新人からミドルまでさまざまな部下の成長を促し、また伸び悩んでいる人材を再生する方法を紹介してきたが、それぞれの部下に応じて役立てていただければ幸いだ。

数ある人材育成の方法論のなかでも、すべての人材に共通する強力な成長要因が、本書の最後で取りあげた「コミットメント」を引き出すことである。組織や自分の仕事そのものに心から価値を感じ、自ら前向きにかかわっていきたいという気持ちをもつことができれば、人はいつでも成長できるのだ。

本文でも述べた通り、コミットメントはモチベーションとは明確な違いがあるが、単に「動機付け」という意味合いで混同されることも多い。かくいう筆者も、「とにもかくにも、まずやる気を出せ」とモチベーションを高めることばかりに注目していた時期があるが、前著『図解&事例で学ぶ課長・部長マネジメントの教科書』(マイナビ出版刊)の制作の際に監修をしていただいた野田稔氏の著書を拝見したのをきっかけに、コミットメントへの認識を新たにした。本書でもあらためてそのエッセンスを取りあげさせていただいたが、この場を借りてお礼を申し上げたい。

そのほかにも、本書の制作に際し、数多くの資料を通じてさまざまな知見を参考にさせていただいた。書籍をはじめ、古今さまざまな資料に目を通したが、やはり人材育成は組織の礎で、すべての働く人において普遍的かつ重要なテーマであると感じ入るばかりだ。主な書籍を参考文献としてまとめているので、ご興味のある方、より深く学びたい方は、ぜひ本書とあわせてご覧いただきたい。

本書が少しでも現場のマネジャーの力になり、いきいきと輝くビジネスパーソンが増えることにつながれば、これに勝る喜びはない。

2016年　4月

参考文献

『組織論再入門―戦略実現に向けた人と組織のデザイン』（ダイヤモンド社）野田稔（著）
『中堅崩壊――ミドルマネジメント再生への提言』（ダイヤモンド社）野田稔、ミドルマネジメント研究会（著）
『燃え立つ組織』（ゴマブックス）野田稔（著）
『野田稔のリーダーになるための教科書』（宝島社）野田稔（著）
『図解&事例で学ぶ課長・部長マネジメントの教科書』（マイナビ出版）野田稔（監）、シェルパ（著）
『信頼のリーダーシップ―こうすれば人が動く「6つの規範」』（生産性出版）ジェームズ・M・クーゼス、バリー・Z・ポスナー（著）、岩下貢（訳）
『ダイバシティ・マネジメント―多様性をいかす組織』（白桃書房）谷口真美（著）
『マネジャーの仕事』（白桃書房）ヘンリー・ミンツバーグ（著）、奥村哲史、須貝栄（訳）
『コミットメント経営―高業績社員の育て方』（ダイヤモンド社）ジョン・カッツェンバック（著）、黒田由貴子（訳）
『サーバントリーダーシップ』（英治出版）ロバート・グリーンリーフ（著）、金井壽宏（監訳）、金井真弓（訳）
『コーチングのすべて―その成り立ち・流派・理論から実践の指針まで』（英治出版）ジョセフ・オコナー、アンドレア・ラゲス（著）、杉井要一郎（訳）

『よくわかる組織論』（ミネルヴァ書房）田尾雅夫（編著）
『リーダーシップの科学―指導力の科学的診断法』（講談社）三隅二不二（著）
『会社を強くする人材育成戦略』（日本経済新聞出版社）大久保幸夫（著）
『社会心理学への招待』（ミネルヴァ書房）白樫三四郎（著）
『人が育つ会社をつくる』（日本経済新聞出版社）高橋俊介（著）
『人材マメジメント』（ダイヤモンド社）ハーバード・ビジネス・レビュー（編）、DIAMONDハーバード・ビジネス・レビュー編集部（訳）
『人材育成のセオリー』（同友館）内山力（著）
『人材育成の教科書―悩みを抱えるすべての管理者のために』（労務行政）高原暢恭（著）
『OJT完全マニュアル―部下を成長させる指導術』（ダイヤモンド社）松尾睦（監）、ダイヤモンド社人材開発編集部（著）
『部下を育てて自分も育つ　5つのマネジメント・プロセス』（日経BPコンサルティング）二宮靖志（著）
『MBAのための組織行動マネジメント』（同文舘出版）小樽商科大学ビジネススクール（編）
『この1冊ですべてわかる　マネジメントの基本』（日本実業出版社）手塚貞治（編著）
『社会心理学』（有斐閣）明田芳久、岡本浩一、奥田秀宇、外山みどり、山口勧（著）
『入門組織行動論』（中央経済社）開本浩矢（編）

このほかにも多くの書籍、雑誌、Ｗｅｂサイトを参考にさせていただいた。

索引

●著者
株式会社シェルパ
ビジネス書を中心に、多数の書籍、雑誌、Web 媒体の編集・執筆を手がける。マネジメント分野以外にも、企業に向けた社員研修のノウハウやビジネスパーソンのスキルアップをテーマにした媒体など、対応領域は多岐に及ぶ。上場企業やグローバル企業など、各業界で活躍するビジネスリーダーへの取材経験も豊富で、多彩な情報を持つ。近年は国際観光分野をはじめ、政策に関する著書も多い。

課長・部長のための
人材育成の基本

2016 年 4 月 30 日　初版第 1 刷発行

著　者　株式会社シェルパ
発行者　滝口直樹
発行所　株式会社マイナビ出版
〒 101-0003 東京都千代田区一ツ橋 2-6-3 一ツ橋ビル 2F
TEL 0480-38-6872（注文専用ダイヤル）
TEL 03-3556-2731（販売部）
TEL 03-3556-2733（編集部）
Email：pc-books@mynavi.jp
URL：http://book.mynavi.jp

装丁　萩原弦一郎、藤塚尚子（デジカル）
本文デザイン　玉造能之、梶川元貴（デジカル）
DTP　株式会社シェルパ、富宗治
印刷・製本　図書印刷株式会社

●定価はカバーに記載してあります。
●乱丁・落丁についてのお問い合わせは、注文専用ダイヤル（0480-38-6872）、電子メール（sas@mynavi.jp）までお願い致します。
●本書は、著作権上の保護を受けています。本書の一部あるいは全部について、著者、発行者の承認を受けずに無断で複写、複製することは禁じられています。
●本書の内容についての電話によるお問い合わせには一切応じられません。ご質問がございましたら上記質問用メールアドレスに送信くださいますようお願いいたします。
●本書によって生じたいかなる損害についても、著者ならびに株式会社マイナビ出版は責任を負いません。

©SHERPA
ISBN978-4-8399-5890-9
Printed in Japan